JN085827

Wonderful Cabins

愉快な小屋の作り方

Contents

＊本書はDIY雑誌『dopa（ドゥーパ！）』掲載記事を再編集したものです。製作者の年齢等は取材時のものです。

012

起死回生の小屋作り

020

土のチューブを皆で積む

028

土地の自然が小屋になる

034

庭をカフェバーに

062

週末オフグリッド暮らし

068

自給自足の小屋暮らし

074

デザインを楽しむ

080

プロが作る小屋
アトリエ・山林舎

086

ツリーハウス作りの拠点

092

流木の風合いを纏う

096

将棋駒の中に友は集う

100

プロが作る小屋
げんげのはらっぱ

106

小屋を拠点に暮らす

110

自然と溶け合うアトリエ

114

モルタルで作る自由な形

118

木が貫く高床小屋

122

廃材のパッチワーク

126

火遊びのための小屋

128

スクールバスの焙煎所

130

「だから小屋作りは面白い」

デザイナー・山口暁のセルフビルドストーリー

140

162

186

200

起死回生の小屋作り

[北海道別海町]

土地を整備していて現れた大量
の石がきっかけでできた小屋。
下部が反り上がる照り屋根

ジグソーで切り出したツリーが生命感を漂わす

吊り金具を使った引き戸。5mm厚のアクリル板がはまる。取っ手は湾曲させた板

背面の勝手口は大人数で使うときの出入りに便利

低い石壁にAフレームの屋根が載る

宙吊りの焚火台。逆さにつけた焚火台の脚を、煙突と一体化させた中華鍋に溶接

ロボット兵の顔のような椅子のヘッドレストは、ボトルホルダーつきサイドテーブルに

Aフレームの下部につけた枠板を石壁に載せ、モルタルを詰めることにより壁と屋根を固定

煙突貫通部にはモルタルで作ったメガネ石を設置

湾曲板の取っ手に角材を差し込めば、かんぬきになる

910mm間隔で並ぶAフレーム。補強板にも意匠を凝らす

バックホーを使って壁の石を積み上げた

7つのAフレームを別々に組み立てる

Aフレームを角材でつなぎ、野地板の合板を張り、モルタル用の枠板をつける

ユニックで屋根を石壁に載せる

枠板にモルタルを詰め、石壁とAフレームを固定

正面の柱を立てる。掘っ立て式で、土に埋まる部分は塩ビ管の中へ

背面の柱の下端は石積みを四角く削ってはめている

背面壁の下端にあったすき間をモルタルで埋める

壁から床へと石をモルタルで固定

屋根材を留める角材の厚さを変えて照り屋根を作る。角材の下は高耐久ルーフィング

スレートを使ったチムニーカバー。下端は棟の角度を目安に板金処理

ユニックでチムニーカバーを吊って煙突にかぶせる

北海道東端の別海町に暮らす石田昌樹さん（48歳）は、25歳から実家の酪農業を引き継ぎ、牧場を経営。しかし45歳のときに突如、変形性足関節症を発症し、歩けないほどの痛みに襲われた。原因は20年休まず続けた酪農の過酷な労働で足首の軟骨がすり減ったこと。診断後は即入院。すべての作業をひとりで行なっていた牧場は閉鎖を余儀なくされ、健常者から一転、身体障害者となった。

　足首に関節固定手術を施し、リハビリを終えて戻ってみれば、牧場はいたるところに雑草が生え、荒れ果てた状態に。精神的に追い詰められた当時を石田さんはこう振り返る。

　「世間からは、俺は"終わった人"として見られていました。あのときほど絶望したことはなかったですね」

　それでも何かをしなければと、小さなバックホーを借りて荒れた土地を整備していると、笹に覆われていた場所から祖母が集めていた庭石がゴロゴロ出てきた。あまりに多く出てくる石を1カ所に積みあげるうち、脳裏にひとつのイメージが浮かび上がった。これを使って石壁の小屋が作れるかもしれない。それは、子どものころ夏が来るたびに秘密基地を作っていた石田さんにとって、突飛な発想ではなかった。

　小屋作りを思いついてからの行動は早かった。石の整理をしていたのは雪の降り積もる12月のことで、「よりによってこんな時期に作らなくてもいいのに」と周りの仲間はあきれたが、湧き上がる創作意欲は止められなかった。いや、作らざるを得なかったというほうが正しいかもしれない。深い失意に沈んだ石田さんにとって、小屋を作ること、さらに言えば創作することが、生きることと同じ意味を持っていたからだ。

　雨が降ろうと雪が降ろうと、無我夢中で手を動かした。石壁の小屋を作る、ということのほかにあらかじめ決めたことはない。コンセプトもテーマも設計図もない。若いころの設備工事の経験、それに酪農業で得たスキルを総動員し、次々と頭に浮かぶイメージを具現化していった。幼少時から絵画を描いていた石田さんには、唯一無二の小屋を想像する感性があった。一方、プロでないからこそ建築的な常識にとらわれることなく、想像を形にすることだけを考え、独特の方法を採ることもできた。

　そんなふうにのめり込む石田さんの姿を見て、仲間たちがサポートしてくれたことが小屋作りを大きく前進さ

せた。トラスに使ったマツ材は、製材を趣味とするご近所さんがストックしていた材を大量に提供してくれたもの。板葺きの屋根は、石田さんが所属するバンドのリーダーで、屋根屋を営む友人が施工。ケラバがわずかに曲線を描く美しい照り屋根は、この小屋のデザインの要になっている。完成までを振り返りながら、石田さんはこうつぶやいた。「沢山の人に支えられて、ここまでこられました」。

　小屋ができて数年、酪農仲間の寄り合いや友人家族とのキャンプなどで活躍する、交遊に欠かせない空間となった。現在は酪農の作業委託を請け負いつつ、サウナ小屋など物作りの受注で生計を立てる石田さんにとっては、再生のシンボルにもなっている。そしてまた、新しいつながりを生むきっかけにも。400kmほど離れた浦河町の精神科医から「患者さんのカウンセリングや憩いのための場として、同じデザインの小屋を建てたい」と相談を受けたのだ。詳しい話を聞いて趣旨に共感した石田さんは、製作をボランティアで請け負うことに。現地に泊まり込み、半分ほどが悪天候だったという18日間で、自身のものと兄弟のような小屋を建てた。その後、小屋は施主が思い描いたように役立っているとの報を受け、やってよかったと改めて晴れやかな思いに。起死回生の小屋作りは、石田さんが意図せぬところで芽吹く種をも宿していたわけだ。

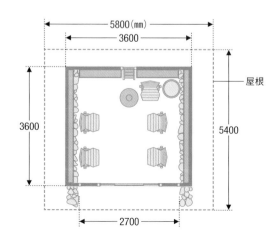

5800（mm）

3600

3600

屋根

5400

2700

ユニックでトラスを動かす。降雨の合間の作業で、地面の水はこれでもかなり引いた状態

ボランティアで作った小屋。仕様の違いがいくつかあるが、石田さんの小屋とほぼ同じ構造

小屋作りのパートナーは施主の娘婿、今井さん。屋根材張りはすべておまかせ

施主の川村医師から送られた小屋での様子。「頑張って作ってよかった」と石田さん

石田昌樹さん

地面がぬかるみユニックが寄れず、重いメガネ石はひとりが上から引っ張り、ひとりが下から押し上げた

土のチューブを皆で積む

[岐阜県郡上市]

土を詰めたチューブを積んで立ち上げた壁に、土と漆喰を混ぜて塗ったアースバッグハウス

内壁も土漆喰仕上げ。ラフ
な質感と丸い形の組み合
わせが、妙に心を和ませる

壁の下部に換気口を内蔵。左側
中段付近には薪ストーブの煙突口

壁の上部にも換気口。天井
の丸太の上に野地板を留め
る角材が見える

近隣の赤土に消石灰、セメント
などを混ぜ、配合比を変えて試
し、最適と思われるものを採用

回転して開閉する木枠の丸窓。開けるときは木の葉形の留め具を挿して固定する

レシプロカル（相持ち）に組んだ12本の丸太で屋根を支える

ドアはランバーコアの表裏に
廃材を張り合わせ図柄を描
いた。表のひまわりが芸術的

出入口わきにはアースバッグでベンチを製作

蔓の巻きつきによる無二の造形が目を引く
柱。解体現場で入手したそう

外壁の下部はジョ
リパット塗り仕上げ

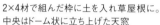
2×4材で組んだ枠に土を入れ草屋根に。
中央はドーム状に立ち上げた天窓

久米庸平さん

　岐阜県郡上市母袋という限界集落に地域おこし協力隊として移り住んだ久米庸平さん（44歳）は、集落の人々とともに耕作放棄地を開拓し、リトリートヴィレッジを運営している。その核となる建造物が、土でできた小屋、アースバッグハウス。久米さんと50人以上のワークショップ参加者の手によってできあがった。

　アースバッグハウス作りに必要なのは人手。とてもひとりでは建てられない。8人くらいがチームになり、土を濾す、運搬する、ミキサーで攪拌する、チューブに詰める、積みながら叩き締める、などの役割を分担して進めるのがちょうどいい。進みはゆっくり。1日に2段のチューブを積めればいいほうだ。

　大勢で作るから、誰かひとりが仕上がりのすべてを管理するのは難しいが、逆に言えば、だからこそその偶然性が面白く、予期できないデザインが生まれる。創る時間を共有する人々の間にはごく自然につながりが育まれ、単なるセルフビルドでは味わえない充足感を得られる。それもまた、この小屋ならではの醍醐味だ。久米さんはこんなふうに表現する。

　「土を触りながら輪を描くようにチューブを積んでいくわけだけど、同時に"和"も生まれる。初対面同士でも不思議とすぐに打ち解けられる。特殊な技術が必要じゃ

ないから、子どもも含めて誰でも気軽に参加できる。小屋の形と一緒で、角がない」

　主材料が土だから、自由に成形しやすいのもアースバッグハウスの特長のひとつ。また土以外の自然素材や廃材との相性もよく、久米さんは、ときに即興的に、ときに芸術的にそれらを採り入れ、まろやかな小屋にアクセントを加えている。素朴な工法と自由なアイデアによってできあがった小屋から、創造することの力強さ、そして喜びが伝わってくる。

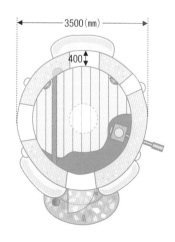

地面を掘りチューブを回して平たく突き固める。上下のチューブは鉄筋で固定。小石がずれ止め

大量の土を運ぶ。子どもも参加できる壮大な泥遊び

消石灰、セメントなどを混ぜた土をチューブに詰め、積み重ねる

開口部や建具を内蔵しながら積み重ねる。下段は防湿シートで包む

チェーンブロックで吊るした1本目の丸太に2本目以降を重ねレシプロカル構造に

丸太の上に角材を留め、野地板を張る

ルーフィングを張り、トタンを張る。草屋根部分は平板で外側は波板

中央の開口部の周りにチューブを重ねる

5mm厚のアクリル板を2枚重ねて天窓に。ブチブルテープで固定し、すき間をコーキング

チューブの段差に土を詰めて表面を平らにする

全面に土を塗り、さらに土と漆喰を混ぜたものを塗って仕上げる

外壁に作りつけるようにチューブで造形する

円形では雨どいをつけにくいため雨落ちを作る。地面を掘り竹炭を敷いて孔があいた集水パイプを回す

割り竹をかぶせる

草、枯れ枝、スギ皮などをかぶせる

この上に砂利をかぶせれば、雨水が浸透する雨落ちのできあがり

土地の自然が
小屋になる

[長野県塩尻市]

丸太の断面が並ぶ小屋。
コードウッドハウスと呼ばれる

周囲ののどかな田園風景を感じられるよう4面に窓をつけている

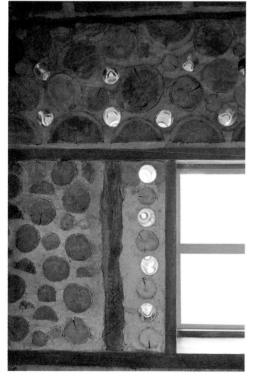

丸太の合間に埋め込んだワインボトルがそれぞれの色の光を室内に届ける

適したサイズ、形状の枝を取っ手や錠に。建物によく似合う

下開き窓は、いくつも切り込みを入れた支え棒により開き具合を調節できる

畑から草つきの
土を切り出して
載せた草屋根

壁の丸太は砂（または土）3：お
がくず3：セメント1：消石灰1を
混ぜたミックスモルタルで固定

敷地の石を基礎にして、半割丸太と角材で土台を
作る

合板と30mm厚のスギ板を重ねて床を作り、丸太の柱
をアングルで固定

丸太と板材で壁の骨組みを作り、垂木に野地板を
張る

骨組みの間にミックスモルタルと長さ200mmの丸太
を積む

壁のすき間を順次埋める

野地板の上に合板を張り、屋根の側面に板を張っ
て内側を窪ませる

屋根に防水シートを張る

防水シートの上に防根シートを張り、草つきの土を載
せる

なんとも表情豊かな壁面

山田富康さん

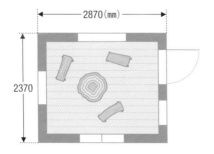

この小屋のように、玉切りした丸太を土などで固定しながら積み重ね、壁を作る建物をコードウッドハウスという。教員を退職し、初めての小屋作りに挑むことにした山田富康さん（71歳）は、ユニークなデザインに魅了され、この珍しい工法を採用した。

「どうせなら人がやっていない工法でと思いました。自分の敷地で間伐した丸太が使えるのも良かった。しかし、こんなに苦労するとは」

施工場所は自身の畑から続く見晴らしのいい木陰。壁を作る土には困らなかったが、想像以上の使用量は、ひとりで作業することが多い山田さんには堪えた。また自然木を多用したため、水平と垂直の調整にも難儀した。さらに、自然木でできた骨組みに、真っすぐな窓やドアをはめるのも手間がかかった。しかし振り返ってみれば、毎度、そんな課題を解決することにこそ、喜びがあったのだという。

「この小屋の中では『木という長い時間をかけて育ったものの中に自分がいる』という感覚を味わえます。世の中いろいろあるけど、もっと気長に過ごしてみてもいいんじゃない？と、おおらかな気分になる。丸太の年輪を見ながら、自分が自然の大きな流れの一部ということを思い出すんです」

畑仕事の際の休憩所として作った小屋は、せわしい世間から隔たり、時間軸が変わる特別な場所ともなった。

庭をカフェバーに

[福井県敦賀市]

コンクリートテラスにより、小屋のサイ
ズ以上の使いやすさが生まれている

屋根材の一部をクリアのポ
リカ波板にして採光。床板
は1×4材をワトコオイル塗装

キッチンの天板は合板だが、塗装によりモルタル仕上げ風に

キャスターつきのクーラーボックス入れ。ビールはこの中に

こちらにはゴミ箱をセット。蝶番を支点にして開く扉を、チェーンで吊って固定

ジャグから給水し、排水は下のバケツへ。シンクはキャンピングカー用

入口正面にコーヒー豆
の焙煎コーナーを設置

古い建具のガラスをリサイズ
して作ったキャビネット

ニッチを作った漆喰塗りの
壁面に射す光が美しい

カウンターの窓は3枚組で、左側の2枚が折れ戸になっている

所有していた古窓のサイズに合わせて壁を開口

慣れた仕草でコーヒーを淹れる藤長隆司さん

「平凡珈琲」がロースタリーカフェの屋号

ドアガラスにはカッティングマシーンで切り出した文字を

出入口は両開きの親子ドア

屋外で食事をするのが好きな藤長さん一家だが、以前の庭は周囲から丸見えでちょっと落ち着かなかった。そこで、コーナーに小屋を建てれば目隠しになるだけでなく、いろいろ楽しめそうだと盛り上がり、DIY好きな隆司さん（55歳）を中心に、小学校が夏休み中のふたりのお子さんも加わり家族で1棟の小屋を作り上げた。

それが10年近く前の話。その後、たびたび家族で、ときには友人を誘って食事をするなど小屋を活用してきたが、子どもたちが大きくなって家を離れたこともあり、だんだん物置として使う期間が長くなってきた。

そんな折、コーヒー好きの隆司さんが「小屋の窓の外にカウンターをつけたらコーヒースタンドみたいになるな」とひらめいた。それをきっかけにリノベーションがスタート。カウンターだけでなく、室内にキッチンと焙煎コーナーを作り、傷んでいたドアや内壁を作り直した。

さらに、苔むしていた小屋の前にはコンクリートを敷いてテラスを製作。そこにテーブルとチェアを置いて頭上にタープを張れば、とても居心地の良い空間となった。ところどころに廃材を使い、エイジングを施して好

みのルックスに仕上がった小屋は5㎡足らずと小さいが、その先にテラス席が広がることで、面積以上のゆとりが生まれた。

リノベーションの前は見向きする機会が減っていた庭の一角は、こうして再び日々を潤す大切なスペースに。友人や親せきを招いて庭飲みを楽しむ機会も増えたという。ときには通りがかりのご近所さんを手招きし、まぁまぁ一杯、なんならもう一杯……と盛り上がる夜もあるのだとか。

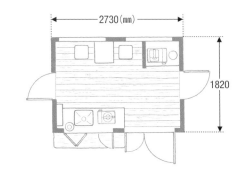

非日常に包まれる茶室

[山梨県北杜市]

壁は合板に襖の下張り紙を張っている。米スギの天井板は構造材と同じく廃材

既存の小屋の上に茶室を製作。外壁はすべて廃材で、左面は天井板を細かく切って張っている

雰囲気が異なる窓と筋交いの裏に並ぶ葦が独特の風景を作る

壁に固定した樹洞の口がぽっかりと開き、外が見える

キッチンキャビネットの扉を使った上下分割ドア。
取っ手は養蚕に使う繭かき棒

ドアの下だけ開ければにじり口に

血流や血管を表す筋。ディスクグラインダーで削ったもの

高島真笑庵（ましょうあん）さん

茶道具が整然と並ぶ静かな空間

改修前の物置

物置の切妻屋根を取り払い平らに

物置から張り出させて大引き（3寸5分角材）を並べる

軸組工法で屋根をつける。張り出した部分を支える通し柱
を追加している

　東京から山梨県北杜市の山中に移り住み、半年か
けて仲間と90坪の家をセルフビルドしたのが30年以上
前のこと。美術家の高島真笑庵さん（63歳）にとって、
自身の手でものを作ることは当然の営みだ。

　茶室小屋を作るきっかけは、2015年に見た茶道裏
千家今日庵、第15代家元による「御献茶の儀」。
何千人もの観衆が集まる中、茶を点てることで平和を
祈る姿に衝撃を受け、すっかりその世界に飲み込まれ
てしまったという。それまで茶道には縁のなかった高島
さんは、自ら茶室を作り茶の道に入ろうと考えた。

　そこで目をつけたのがもともと庭に作ってあった物
置。はじめはキッズハウスとして建てたもので、15年が
経過し、ちょうど改修しようと思っていたところでもあっ
た。雨漏りする屋根を取り払い、新たに小屋を載せる。
地面から2m離れた茶室、悪くないかもしれない。そん
な大胆な計画が頭に浮かんだ。

　使う材料はほとんどが廃材。自分で家を建てていた
ことを機に、周囲から廃材を提供してもらえるようになっ
ており、ヒノキの柱材をはじめ使えそうなものがたくさん
あった。小屋のデザインは、そんな手元にある材料が
決めた。たとえば柱の位置はストックしている建具のサ
イズによって変わるというふうに。また、すでに加工さ

れていたホゾやホゾ穴なども活用し、軸組工法で組み
立てた。目指したのは「完成した瞬間に築100年」と
いう茶室。そうであれば、廃材を使うことは大きな利点
だ。

　茶室内の創作テーマは「あの世とこの世を結ぶ場
所」、つまり産まれる前の場所、子宮。柱や筋交い、
桁など構造材の表面には、血流と血管をイメージして
ディスクグラインダーで1本1本彫刻。壁の一部には樹
洞を固定。それは胎内から地球をのぞく穴を表している。

　そのようにしてできあがった茶室小屋は、まさに俗世
を離れた非日常空間という風情。ごく小さな部屋に、
静かなエネルギーが満ち満ちているようでもある。

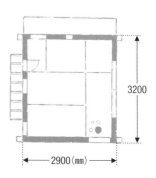

シンプルで機能的

[長野県御代田町]

天井と床はカラマツの板。
壁は石膏ボードを張り、漆
喰を塗っている

奥に見えるのは母屋。30
年ほど前、大月さんの父
が別荘として建てた

母屋と小屋はウッドデッ
キでつながる。垂木の前
後を斜めに切っているの
がわかる

オーダーメイドの窓が見
事。外壁もカラマツの板

自然石にぴたりとはまる柱が気持ちいい

水糸を縦横に水平に張り、基礎の位置を決めて穴を掘る

穴にこぶし大の割栗石を詰める。この上に砕石を入れて突き固める

基礎石に柱の位置を四角く記す

下げ振りを使って水糸の交差点と石に記した柱の中心を合わせる。その後モルタルで石を固定する

石に記した柱位置の1辺に型取りゲージをあて表面の凹凸を写し、それを使って柱材に墨つけする

4辺の墨つけをした柱材をディスクグラインダーで削って仕上げる

大月均さん

壁にもたれたり寝転んだりできるようソファ、棚、机を設計。座面の下は収納

生まれも育ちも東京・世田谷の住宅街という大月均さん（39歳）が、浅間山の麓、長野県御代田町で暮らし始めたのは2019年の春。当初は東京との二拠点居住だったが、2020年に完全移住した。身近に自然がある場所で子どもを育てたいという思いがあり、コロナ禍でテレワークが一般的になったことにより決心したという。

その後、東京で勤めていた会社は辞め、今は自ら立ち上げた会社でマーケティングや広告に関するビジネスをしている。そのワークルームとなっているのが森の中に立つ2.5坪の小屋。

「移り住んでしばらくは母屋の1室で仕事をしていたんですが、家族にも気を使わせてしまうし、仕事のための小屋が欲しいなと思って」

とはいえ、DIY経験がほとんどなかった大月さん。そこで相談したのが、"セルフビルドパートナー"を肩書に、自分で作りたい人のサポートを生業とする「えんがわ商店」の渡辺正寿さんだ。工務店のように建築を丸ごと依頼するのではなく、必要に応じてアドバイスやサポートをしてもらうという方法を採った。

デザインのコンセプトは「なるべくシンプルに」。そのうえで、広いデスクと大容量の本棚、小さな薪ストーブと十分な断熱、庭の緑を望む大きな窓という必須事項を決めて設計した。加えて、自然石に柱を載せる石場建てもこだわったところ。渡辺さんやDIYに長けた友人

らのサポートもあり、美しく仕上がった。工法はプレカットによる在来工法で、片流れの屋根と縦板張りの壁を組み合わせた外観も、必要最小限の設備を機能的に配した室内も、まさにコンセプトどおりすっきりとしている。

「こだわって作ったので、完成したときの喜びはひとしおでした。仕事にも集中できるし、何よりもこの空間がたまらなく好き。今も日々、愛でています」

出入口の木製サッシと木製の滑り出し窓は、8人でガラス用吸盤を使って持ち上げ開口部にはめたという壁幅いっぱいの窓とともに、長野県千曲市の山崎屋木工製作所によるブランド、キュレイショナーの製品。とてもコンパクトで愛らしい薪ストーブは長野県佐久市のサトーステンレスが製作。照明やスイッチプレートは選び抜いた真ちゅう製。全体はシンプルにまとまっているが、実は細部のこだわりが集まってのもの。大月さんが「日々、愛でている」と言って笑うのもうなずけるのだ。

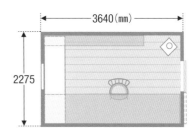

5回の夏で建てた小屋

[兵庫県佐用郡]

正面から見た室内。壁は漆喰、
床はテラコッタタイル。ベンチは
座面を上げられ収納になる

正面ドア周り。
ダルマストーブを装備

正面ドアの前はシンク
とバーベキュー炉を備
えたアウトドアリビング

草屋根が見える。外
壁はヨーロッパ漆喰

裏口の先は屋根つ
きのデッキ。クリの梁
の曲がりに合わせて
屋根が湾曲している

裏口のドア枠は自然木の形状を生かして製作

壁を立てる位置に、コンクリートブロック用と掘っ立て柱用の穴を掘る

ブロックを2段積み、外面に自然石を張る。柱部分はブロックより約1m深く掘りボイド管を入れる

柱を立て、ボイド管にモルタルを詰める。両端を切り欠いた梁を柱に載せ、羽子板ボルトで固定

丸太柱の間に間柱を立て、窓をつける

裏口ドア枠の組み立て。ブロックの穴にモルタルを詰めて固定した羽子板ボルトで下端を留める

間柱の外面に下地の板を張る

板面にアスファルトフェルト、ラス網を張り、漆喰仕上げの下地となるモルタルを塗る

間柱の内面に漆喰仕上げの下地となる石膏ボードを張る。ベンチ部分には板を張る

床のコンクリート下地にテラコッタタイルを張る

草屋根と自然石張りの土台により周囲の自然になじむ

小屋の横には1面がオープンなツリーハウスも

大字生時代、オーストラリアとニュージーランドへ農業研修に行った際に見た草屋根の住居。その佇まいから受けた衝撃が、濱田潤さん（38歳）を小屋作りへと向かわせた。仕事は製麺業で、閑散期である夏季になると作業をし、なんと5年をかけて完成に至った。

「何年もかけて、ひとりで大きな構造物を作りたい。その製作工程をじっくりと楽しみたいと思ったんです」

基礎、建物の基本構造、屋根、外壁、内装と施工パートを区切り、夏が来るたびに全力を傾けた。体を動かし、汗をかき、頭を悩ませ、一日の終わりには心地よい疲れに包まれて眠りにつく。翌朝、少しずつではあるが、作業が進んでいることを実感する。小屋作りは、その5年間、濱田さんにとっての「大人の夏休み」を意味した。

そうしてできた小屋の特徴は、やはり採用せずにはいられなかった草屋根や、ダイナミックな丸太の柱と梁。丸太は自ら山で伐採したもので、木が水を上げない冬に伐り、翌年の夏まで寝かせて製材した。また、床は全面がテラコッタタイル張りで、土足で入るようにしている。製作現場は祖父が残した里山のフィールドで、自然の中で遊んだり作業をしたりして過ごす時間が長いから、そのほうが便利なのだ。

大切な父の夏休みは、一家にとっても同様だった。3人の子どもたちはいつもそばを駆け回り、父の背中と毎年少しずつできていく小屋を見てきた。それは学校では体験できない、かけがえのない時間だったに違いない。そして濱田さんにしてみれば、作業への没頭をふと緩めた瞬間、そこにはいつもとは違う家族の憩いがあったはずだ。小屋作りが終わって「なんだかちょっとさびしい」とこぼす濱田さん、また5〜6年かかるような大きな物作りに挑戦したいと考えているらしい。

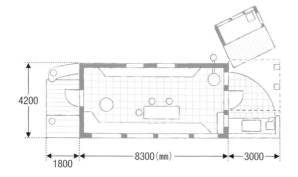

4200
1800　8300(mm)　3000

濱田さん一家

gallery
── 自然と時間による造形 ──

ECO village SHELTER projectというグループが、
新潟県新発田市にあるキッコリータウンぐーるりの森に建てた小屋群、
自然材と廃材と遊び心が、小屋作りをいっそう面白くすると語っている。

mobile house

tree house

tee-pee

log house

A-frame house

arbor

henhouse

週末オフグリッド暮らし

[兵庫県神戸市]

コンポストトイレ小屋を併設している

池のほとりで夏も涼しく、
すぐにカヌーで漕ぎ出せる

内壁は石膏ボードの細部をパテ処理し、シーラーを塗り塗装。棚は内壁を張る前に壁の骨組みに固定

折りたたみ式のデスクは村井さんの仕事場になる

薪ストーブの炉壁と炉台はケイカル板で下地を作り、張りレンガで仕上げている

母屋から見た"裏庭"。
母屋の反対側は
住宅街に面している

林を切り開くためのミニショベルカーと
薪を母屋に運ぶためのバギー。格納庫ももちろん自作

ピザ窯の奥に見えるのは
五右衛門風呂小屋

伐倒した木で作ったシーソー。
座面は平らに削ってある

傾斜地に欠かせない
階段と傾斜を活用した滑り台

プールデッキ、作業場、テント場と
マルチに使えるウッドデッキ

コンポストトイレは
電力を使わないタイプ。
約25万円で購入

勤めていた会社を辞めて時間ができると、バイクにテントを載せて旅をするようになった村井暁介さん（42歳）。テント泊で自然に触れるうち、「身近に自然がある生活環境を作りたい」と思うようになった。首尾よく、住宅街の端に広がる緑豊かな土地が見つかり購入。区画の中で住宅街に面する場所に母屋を建て、裏手の傾斜した林をDIYで切り開いていくことにした。

当初から、開拓が進んだ後には小屋を作ろうと考えていたが、まずは五右衛門風呂やピザ窯、グランピング風に使えるウッドデッキなどを続々と製作。家族とともに自然の中での時間を満喫しながら、小屋作りを始められる状況へと少しずつ近づいていった。

念願の小屋作りを開始したのは、土地を購入してから1年半近く経ったころのこと。池のほとりに場所を定め、夫婦で協力しながら、コツコツと自然暮らしの拠点を築き上げた。

そうしてセルフビルドした小屋は、村井さんが目指すライフスタイルにおいて、同じ敷地に立つ母屋よりも重要な意味を持っている。屋根には太陽光パネルを載せ、冷蔵庫の電力をまかなえるようにした。薪ストーブを設置したのは暖房のためだけでなく、調理道具としての役割を想定してのこと。またコンポストトイレ小屋を併設し、わざわざ母屋に用を足しにいく必要がないようにした。つまり、自然に囲まれた、送電線がつながっていない小さな建物で暮らしが成り立つようにしたわけで、それはまさに求めていた生活環境の実現だった。

ウィークデーの生活拠点は母屋だが、週末になると小屋で過ごすことが多い。夏のディナーはウッドデッキでのバーベキューが定番。食事が終われば小屋に入って映画を観るなどして過ごし、そのまま眠りに着く。目の前の池を渡ってくる風が大きな開口部から室内に届き、冷房がなくても涼しく過ごせそう。冬は薪ストーブの出番。焼肉、焼鳥、羽釜ごはんと、みんなの好物で盛り上がる。建物には断熱材を入れてあり、零下の気温でも快適だ。ただし、フィックスタイプの窓しかないロフトは、薪ストーブを使うと暑すぎることがあるのだとか。

そんな週末オフグリッド暮らしは、幼い子どもたちにとっても貴重な経験となっているに違いないが、その後、村井さんは一家で遊べる小屋をもう1棟作った。開拓したフィールドの中ほどにツリーハウスを。林を切り開くにあたりほとんどの木を伐採したが、ツリーハウスが作れそうな木だけは残しておいたというから、これもまた長らく温めていた計画だった。

2棟目だから要領よく進められたかというと実は逆で、土台作りが最初の小屋作りとは大きく異なった。ホストツリーに大引をボルトで留め、その上に根太を並べて床板を張り、ウッドデッキを作るのだが、実際に大引を留めてみるまではデッキの形がわからない。不規則に曲がった自然木だから、大引を留める高さによっても形が変わる。つまり、あらかじめ設計できるものではなく、作りながら考えるしかなかったのだ。

そんなアドリブ的デッキ作りを終え、その上に建てた小屋は、村井さんいわく「手を抜いたもの」。最初の小屋は季節を問わず快適に過ごせて実用的だが、ツリーハウスに求めるのは、そういうものではない。内壁はないが、子ども用の小さなドアがある。収納はないが、子どもたちが寝られるハンモックベッドがある。落書き用の黒板もある。小屋のまわりにはブランコに滑り台。そう、コンセプトは、子どもたちの秘密基地。ツリーハウスは遊び心の結晶であるべき、というわけだ。

母屋でも快適な小屋でもなく、あえてこのツリーハウスに寝泊まりすることがあるという村井さん。キャンプに近い感覚があり、灯油ストーブで湯を沸かしてコーヒーを飲むだけでも楽しいのだとか。

「自然の中にいる感じがしますね。壁も薄いし」

ツリーハウスを作るなら、あえて簡素に。それは大切なキーワードかもしれない。

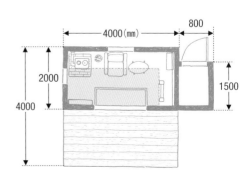

オフグリッド小屋の完成後すぐに作り
始めたツリーハウスと村井さん一家

ブランコや縄ばしごな
どがあり子どもたちは
存分に体を動かせる

こちらには
滑り台を装備

ツリーハウスの室内。頭上のネットは子ども用のハンモックベッド

メインのドアとは別に子ども用の出入口を製作

3本のホストツリーと90mm角材の柱4本、自然木の柱2本で支えている

自給自足の小屋暮らし

[三重県松阪市]

小屋の完成後しばらく経ってから
南側に縁側を増設した

近藤さんが営む「ろん
農園」の卵は、近隣
の直売所などで販売

敷地の入口からの風景。中央に見える切
妻屋根の建物が最初に作った小屋

必要なものは、なるべく金銭でなく自分の手でまかなう。近藤宏行さん（40歳）は、若いころからそんな暮らしを目指してきたようだ。大規模農業のアルバイトを3年、有機農業の研修を2年と、農を主体に、身体を動かして自然とともに生きる経験を積み、2014年に新たな生活を始めた。

拠点としたのは、使われていなかった500㎡あまりの自家の土地。まず、その一角に3坪の小屋を建てた。建物をまるごと自作するのは初めてだったが、リフォームの経験はあり、そのときに養った感覚と、下調べで得た知識、そして道具を頼りに成し遂げた。

道具というのは、大工だった祖父が残した角ノミ、昇降盤、溝切り盤、自動カンナなど錚々たるラインナップのこと。存命のうちに使い方を直接教わることはできなかったものの、しばらく工場に眠っていた名機たちに再び活躍の場を与えられたことは、天上でも喜ばれているに違いない。

ホゾ穴を彫るための角ノミを使ったことからわかるように、小屋は柱、梁、桁を木組みで接合する軸組工法で作った。それら構造材に使った角材も、工場にストックされていたもの。また、アルミサッシもストック品。結局、材料の半分ほどを自家工場から運び出すことになり、材料費の合計は20万円足らずに収まった。

小屋が完成して、すぐに取りかかったのが鶏舎作り。近藤さんは、新たな生活では、自然養鶏で採れた卵により現金収入を得ようと計画していた。自然養鶏は、以前受けた有機農業研修の主要なテーマだった。その経験を礎に、自分なりの養鶏を営む。そして自身の食は、田んぼと畑で自給する。つまり、卵販売と食料自給を軸に暮らしていこうと決めていた。

まだ電気も水もない小屋と、車で30分ほどのところにある実家を行き来する日々を送りながら、3坪の鶏舎と3坪のエサ作り場をセルフビルド。立て続けの小屋作りで大工仕事にもすっかり慣れた春、かわいい雛たちを迎え入れた。

その後、近所に所有する土地にも3棟の鶏舎を製作。鶏の数も徐々に増え、取材時には300羽を数えるまでに。また、別の場所に田んぼを、小屋の隣に畑を借り、食料の自給も長年続けている。そして現在も、

近藤さんは、初めくセルフビルドした3坪の小屋で寝起きしている。最初はひとりだったが、2年目からは妻の敬子さんが加わった。と書くと、窮屈そうに感じられるだろうか?

実際には、3坪小屋だけが屋内生活空間というわけではなく、隣に設けた3坪の土間に五右衛門風呂や調理用薪ストーブがあり、トイレはさらにその外にある。また、そもそも3坪小屋といっても、ほぼ面積いっぱいを占めるロフトがあり、寝室兼収納として使える。さらに小屋に縁側を増設したことにより、緑あふれる屋外とのつながりを感じやすく、室内にも開放感がある。

もちろん、土間も風呂もストーブもトイレも縁側も、近藤さんの手作り。小屋暮らしをより快適にするために必要なものを、ひとつずつ作り足して現在の形になった。逆にいえば、余計なものはなにもない。夫婦の生活に必要なものだけが、必要な場所にある。生活空間は小屋の周囲に広がったが、ミニマルな暮らしだ。

電気は小屋ができて間もなく、業者に依頼して引いた。使用量は少なく、電気代は1カ月1500円ほど。ガスは使わず、調理と風呂焚きには薪を使う。

そして肝心の水。200ℓの雨水タンクがあるが、それだけでは容量も用途も限られる。メインは井戸水だ。なんと自分で掘った。しかも何本も掘っていて、最後の1本は深さが10m近くあり、湧出量が豊富。この井戸により、風呂にも洗濯にも気兼ねなく水を使えるようになった。炊事用には実家の水道水を分けてもらうが、ポリタンクで運べる量ですむ。風呂用となるとそうはいかないから、井戸の存在意義は絶大だ。

風呂といえば、もうひとつ欠かせないのが自作の太陽熱温水器。黒く塗装した塩ビ管に水を溜め、日中の太陽熱を吸収して湯にする方法は珍しいものではないが、効果は大きく、夕方に浴槽に注ぐときの水温は夏なら60度近く、冬でも30度以上になるそう。おかげで薪を大幅に節約できる。

米や野菜だけでなく、資源やエネルギーも自給するには、住まいは小さく、設備は少ないほど効率が良い。「必要なものは、なるべく金銭でなく自分の手でまかなう暮らし」に、近藤さんの小屋はとても適しているように見える。

小屋の完成直後に流し台と安価な薪ストーブを設置。後に電気を引き、冷蔵庫と電子レンジを導入

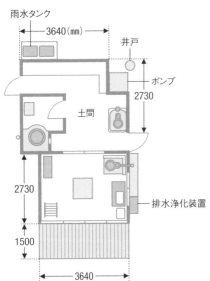

雨水タンク

3640（mm）

井戸

ポンプ

2730

土間

2730

排水浄化装置

1500

3640

屋根つきの縁側を増設したことにより、小屋の内と外にスムーズなつながりが生まれた

小屋から見た土間。右側に調理用薪ストーブ、左側に浴室がある

本体は赤レンガと耐火レンガで製作。ワラと砂を混ぜた粘土を塗り重ね、市販ストーブの天板を切ってつけた

レンガをコンクリートで固定して炉を作り、その上に鋳物の釜を載せた五右衛門風呂

浴室の外観。土間の一角を仕切っている。左奥に小屋がある

左側の煙突が小屋の薪ストーブ、右側の煙突が土間の調理用薪ストーブ

100ℓをふたつ連結した雨水タンク。小屋と土間の屋根に降った雨が雨どいを伝って溜まる

台所排水（洗剤不使用）を流す浄化装置。軽石やシマミミズを入れたコンテナに通して浄化する

黒く塗った塩ビ管を農業用ビニールで覆った太陽熱温水器。内径107㎜、長さ3.7mのパイプが5本

朝、太陽熱温水器に井戸水を満たすと、夕方に浴槽1杯分の温水ができる

養鶏用のエサ作り場も3坪の小屋。スコップでエサを混ぜやすいよう床はコンクリート敷き

鶏舎の網はキツネに破られたため、頑丈な網の2枚重ねに。地中も深さ60cmほどを板などでカバー

おが屑と籾殻を入れた箱の両側に足場を渡したコンポストトイレ。小便はオイルジョッキへ

掘っ立て工法の自転車置場には小型耕運機なども収まり、収穫した野菜を干す場所としても有効

メインの井戸は深さ約10mで600mm径コンクリート製井戸側が収まる。ポンプは深井戸用

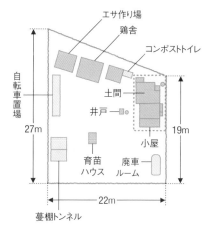

木製フレームに張ったネットにさまざまな植物の蔓が這い、夏には緑の蔓棚トンネルができる

枯れ草、米ぬか、鶏糞に水を加え、踏んで発酵させる"踏み込み温床"をビニールで覆った育苗ハウス

敬子さんが以前愛用し、廃車となった軽バン。車内を敬子さんの書斎にリノベーション予定

デザインを楽しむ

小屋の背面下側を窪ませて収納に

ギャンブレル屋根の小屋。
母屋からつながる既存の
ウッドデッキの端に作った

正面と背面はスギ板張り。塗料は蛍光オレンジに赤を混ぜて調色

窓は中空ポリカ張り。基礎のコンクリートブロックを黒く塗っている

自身のDIYツールと妻ひろみさんのガーデニングツールを収納する物置を作ろうかと考えた白井修さん（64歳）。その後、「定年退職したら本格的に木工を趣味にするのもいいな。そうすると工房として使えるスペースも欲しい……」と構想が膨らんだ。一方で、単純に「小屋を作ってみたい」という思いもあったという。やはり建物を自分で作ることは、DIYerにとってはひとつの憧れだ。

半年以上にわたり休日になると製作に没頭し、ついにガーデニングツール収納つきの工房が完成。以来2年ほど夫婦で使ってきたが、次第に工房にガーデニング用品が増えたため、今度はガーデニング用品専用の小屋を作ろうと再びセルフビルド。そうして庭には2棟の手作り小屋が立つことになった。

そんな2棟の小屋から伝わってくるのは、デザインへのこだわり。それぞれが、すごく奇抜というわけではないが独創性に富み、しかも美しくまとまっている。そのさまに、自身の趣味を具現化することに妥協しないという確固たる意思が感じられるのだ。また2棟のデザインはまったく異なるが、色合いと大まかなフォルムに相通ずるものがあり、コーディネートも見事だ。

最初に作った小屋のわかりやすい特徴はギャンブレル屋根。参考にした洋書や海外のウェブサイトで目に

して気に入ったそう。屋根を折り曲げるため構造が複雑になるが、海外のDIYerがYouTubeで公開していた作り方を見て、悩むことなくクリアできたという。

注目すべきはガーデニングツール収納の取り入れ方がスマートなこと。小屋背面の下側を窪ませて収納スペースとし、その上にフィックス窓を3つ並べたデザインは、オリジナリティがあるうえにシック。小屋全体の基本的な形を変えることなく室外スペースを作るという発想が面白い。

室内で目を引くのはヘリンボーンパターンで張った床。専用の床材を使ったわけではなく、細かくカットした合板を1枚ずつ木工用接着剤で下地の合板に張りつけたという労作だ。すき間なく仕上がっており、ていねいな仕事ぶりが表れている。

2棟目のデザインはさらに独創性が増している。段差をつけたアーチとでもいおうか、独特の形状に構造材を組み、ガルバリウム波板を横向きに張って仕上げている。「屋根と壁を一気に作れるから楽だろう」と思いついたアイデアだが、これがいざやってみると難しかったそうだ。というのも、波板を上下方向にアーチ状に曲げるだけでなく、排水性を考慮し、小屋の前端と後端に向けてわずかながら勾配をつけたため。そのようにガルバリウム波板を曲げて固定するのが、ずいぶん力のいる作業だったというわけだ。

さておき、2棟目のガーデニング小屋も思い描いたイメージが現実のものに。せっかく自分で作るのだから、自分流にデザインすることにこだわり、やり遂げるという白井さんの姿勢は、見る者の創作意欲をも刺激する。デザインを楽しむ、それは自ら小屋を作る人の特権なのだ。

1棟目の骨組み、背面からの様子。収納部分を窪ませて床を製作。屋根部分の接合部は合板で補強

2棟目の骨組み。曲線部分は1×4材をバンドソーでカット。接合部を合板で補強

1棟目の屋根は真横から見ると両端が内側に傾斜している。手間を惜しまず自分好みのシルエットに

2棟目の側面。小屋の前後より中央がこんもりと高くなっている

こちらの扉は観音開き。コンクリート床は屋外からひと続き

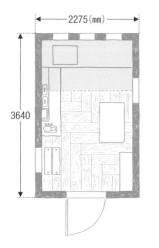

2275（mm）

3640

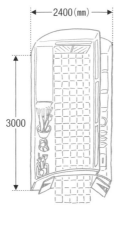

2400（mm）

3000

白井修さん、ひろみさん

1棟目の室内。奥から
ドアのほうを見た様子

ギャンブレル屋根ならでは
の天井周りのゆとりある空
間を資材置場として活用

外壁の下地には、骨組みに合わせて曲げられるように2.3mm厚の合板を300mm幅に切って張っている

コンクリート床は自作の木枠を使ってタイル敷き風に仕上げた

2棟目の室内はガーデナーの使いやすさを優先。土足で入り、水で洗いやすいコンクリート床に

アトリエ・山林舎

野田貴之

　滋賀県湖西地方でログハウス建築を行なう、アトリエ・山林舎の野田貴之さん（51歳）。普段は巨大なログを相手にその腕を振るうが、仕事の合間を縫って、自身のフィールドで小屋作りを楽しんでいる。それは、仕事ではできないような思いつきをアウトプットできる、実験的な遊びという側面を持つ。影響を受けているのはアメリカのバーン、古い納屋。今からおよそ100年前、まだ電動工具のない時代に作られた建物には、道具として使われている感じがあっていいのだという。

　そんな野田さんが手がけた3棟の小屋をご覧いただこう。まだ完成に至っていないが「自分が考える理想の小屋の形のひとつ」を表している"solo cabin"、「電動工具が存在しなかった時代の方法で作ること」をコンセプトに、家具職人の雄倉高秋さんとともに長年にわたり少しずつ作り続けている"tiny log"、フィンランドの森にある公共野外シェルターのフィーリングを反映した"LAAVU"の3棟を。

出入口には上下が個別に開閉できるダッチドア。上だけ開ければ換気用の窓に

折れ屋根を支える柱と桁は丸太を斧ではつったもの。手作業の跡が独特の味わいとなる

solo cabin

暮らせる最小サイズを意識
した床面積は2730×3640
㎜。さらに書斎スペースな
どを作り込む予定

梁は仕事現場で入手し
た解体材。存在感抜群

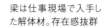

tiny log

ヒノキ、アスナロ、スギ
の丸太を斧ではつった
材を積み重ねている

イベントのたびに製作を進めており、壁にはまだすき間が残る

材の両端に削り出したダブテイルを組
み合わせ、すき間に藁を混ぜた土を詰
めて仕上げる

本場のラーヴには
ない扉をつけて実
用性を増している。
間口2420×奥行
1440×高さ2120mm

LAAVU

幅広の薪棚とともに
フェンスの一部に。扉
の蝶番はトラック用

扉の棚はノブに掛けているだけなので、すぐに取り外して持ち運べる

ラーヴに腰掛けグリーンウッドワークに興じる野田貴之さん

床はパイン、扉はダグラスファー、背面壁はスギと、あえて材種を変えたデザイン

ツリーハウス作りの拠点

[長野県駒ヶ根市]

別の場所で作り、ウッドデッキの一角に設置した小屋。屋根材はシダーシェイク

屋根の長さも左右で異なる不規則な形

外壁材は耳つきのスギ板。鎧
張りの四隅には銅板を叩いて
成形し、クギで留めている

内壁の上部には胴縁を一
定の間隔で横張り。すき
間に板を挿せば棚になる

内壁の下部にもドアにも耳つき板を使用。ステン
ドグラスも中上さんの自作

仕事はリモートで進められ
るという中上さん。時には
この小屋もオフィスになる

ロフトの広さは約2畳

中上かおりさん

「自然が豊かなこの土地にいつかまた住みたい。そのときにはツリーハウスなんか作れたら最高だろうな」。中上かおりさん（51歳）がそんな漠然とした夢を抱いたのが、25年ほど前にひととき暮らした長野県駒ヶ根市を離れるころのこと。それから20年近くが経ち、ついにツリーハウスビルダー養成講座に参加したことにより、漠然としていた夢の具体化が一気に進み始めた。

とはいえ難航したのが土地探し。ツリーハウスを支えられる立派なホストツリーが立っていることを条件として探してみると、これがすぐには見つからない。辛抱強く探し続けた末、ある日ふとインターネット上で目にしたのが、現在ツリーハウス作りが進行中の土地だった。

土地が見つかると、まずは作業場となるウッドデッキを養成所講座の仲間と作った。寝泊まりできる小屋も必要だろうと考えていたところに、小屋作りの経験が豊富な木工アーティスト、シュウさんと出会い、協力してもらえることになった。中上さんが思い描いたのは、おとぎ話に出てきそうな、魔女が住んでいるような歪んだ小屋。そんな遊び心をシュウさんが面白がってくれ、ほかの仲間たちとともに千葉県鴨川市の倉庫で製作。上下に分割して現場へ運び、ユニックで吊って上下を重ね、1棟の小屋が建った。

内装の仕上げ作業を中上さん自身が行ない、電気と水道を引き、歪んだ小屋の中は快適な空間に。埼玉県にある自宅と行き来する二拠点生活を送りながら、ツリーハウス作りやこの土地ならではの過ごし方を楽しんでいるが、小屋にこもってリモートワークで1日を過ごすこともあるという。

さて本願のツリーハウスは、ツリーハウスビルダーの友人に棟梁となってもらい、本格的な建設が進行中。土地を購入する決め手となったアカマツの周囲に足場を組み、5階建ての建物に相当する高さに、松ぼっくりをモチーフとする実に個性的な姿を現わしつつある。ずっと前に抱いた夢が、たくさんの仲間を招きながら、いよいよ現実になろうとしている。

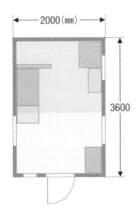

しっかりと足場を組んで進む壮大なツリーハウス計画

骨組みに壁下地の合板を張っている

仕上がりつつある下部。壁のすき間から明かりが漏れ、夜空に浮かび上がる仕掛けだそう

流木の風合いを纏う

[岡山県玉野市]

背後に立つのが母屋。リビングの掃き出し窓のすぐ先に小屋を建てた

母屋に面した壁だけは廃トタン波板張り。左の建具は低いドア。ここから出入りできる

グリーンカーテンの内側はとっておきのシエスタスペース

草屋根は、土とセメントを混ぜたものを縁に盛って土留めとしている

屋根から垂らしたネットにアメリカヅタを這わせてグリーンカーテンに

床は廃レンガと白セメントのモルタル、壁は漆喰、天井は土とセメントを混ぜたもので仕上げた

手作り感と古びた木の質感が心をゆるめる

正面ドア部分以外にコンクリートブロックを並べ角材で骨組みを作り、現場で窓の位置を検討

窓の位置に合わせて骨組みを追加。屋根にはスレート波板を張った

外壁の下地は12mm厚のスギ板

アスファルトフェルトを張り、流木を張る。不ぞろいのサイズから適した1枚を見つけて

流木の目地は、ふるいにかけた細かい土とセメントを混ぜたもの

断熱材として発泡スチロールを詰め、内壁の下地にもスギ板を張った

モルタルを塗るためにラス網を固定

漆喰の下地としてモルタルを塗った

スレート波板の上にビニールシートとルーフィングを敷いて土を載せた

浜に流れ着いた板がなければ、
この小屋はできなかった

　「流木と古道具のアトリエ kô」を営み、クラフトの販売やワークショップを各地のイベントで行なう井上晃一さん（60歳）、里美さん夫妻が庭に作った小屋は、らしさが満開の佇まい。外壁の3面が流木張りで、残る1面はあえて表情を変えた廃トタン波板張り。建具はストックしておいた古物で、風情豊かな流木の壁に違和感なくなじんでいる。流木にしか出せない趣を見事に生かしきったこの小屋は、まるで1棟まるごとがどこかから流れ着いたかのようだ。

　そんな小屋が完成してから1年半。夫妻の日常に、これまで感じなかった時間の流れをもたらしているという。

　「大げさかもしれませんが、一歩足を踏み入れるだけで時空が変わる、そんな非日常感が味わえるんです。陽が落ちたあと、少し暗くなった小屋にわざわざ夕食を持ってきて食べたり、朝のコーヒーを新鮮な空気とともに飲んだりするだけで豊かな気持ちになる。なかなか外出ができなかったころも、この小屋が気持ちにゆとりを与えてくれました」

　小屋という小さな空間であるがゆえの非日常感もおそらくあるだろうが、時空をも変えてしまうのは、流木や古建具、そしてそれらに似合うように仕上げた室内の風合いが、大いに作用しているに違いない。そんな流木小屋の心地良さは友人にも好評で、今では「家に遊びにいきたい」ではなく「小屋に遊びにいきたい」と言われるのだとか。

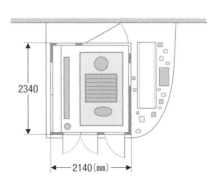

2340

2140(mm)

将棋駒の中に友は集う

[静岡県浜松市]

背面近くの床下に見える箱は堀座卓のもの

玄関のわきに佇むユニークなフォルム

壁が85度で立つ。室内
で囲炉裏を使うため庇の
下にスリットを設けている

堀座卓はあらかじめ床に開口部を作っておき、箱をはめた。囲炉裏も同様の作り方

囲炉裏の炉縁は2×6材。側面は見えている部分が御影石のピンコロでその下はコンクリート枡

友が集う賑やかな小屋なのだ

床下につけた堀座卓の箱。奥に囲炉裏のコンクリート枡が見える

自宅のわきにユニークな小屋を作った鈴木健太さん（23歳）は当時、大学4年生。愛する漫画のコレクションが1300冊に到達し、このままでは自室の床が抜けるかもしれないという危機感から3畳ほどの漫画小屋を作ったのは、それ以前。しかし、その初セルフビルドの出来に満足できず、今一度こだわりを持って作り上げたのが、この独創的な小屋というわけだ。

イメージしたのはスタジオジブリの世界。遊び心が感じられる楽しい空間を作りたかった。その結果生まれたのが、将棋の駒のような形であり、階段を上り窓のようなドアから出入りする方法であり、堀座卓や囲炉裏だ。そして完成後にはいろんなものを持ち込み、壁にはチョークであれこれと描き、とても賑やかな雰囲気に。その理由は、「アトリエ・ぽーろ」と名づけたこの場所が、友が代わる代わる訪れる社交場のようになっているからでもあるだろう。小屋ならではの狭さが居心地良く、話しているとあっという間に時間がすぎるという。囲炉裏で鍋を囲むこともあるという。きっとこだわった遊び心が、周囲の人々を引き寄せているに違いない。

当時大学生だった鈴木さんがアルバイト代をすべて注ぎ込んで作ったこの小屋は、鈴木さんの人生にも大きく影響を及ぼした。つまりセルフビルドを経験したことが建築関係の会社への就職につながったのだ。「夢はハウルの動く城を作ること」という言葉が、妙に説得力を帯びている。

2730

1430（mm）

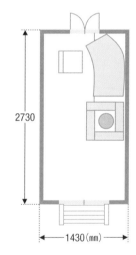

鈴木健太さん

束柱を立て、防腐処理済みのSPFで床の骨組みを製作

骨組みに合板を張り、さらに床板の1×4材も張る。堀座卓と囲炉裏のために開口している

片側分の壁と屋根の骨組みを組み立てる

左右の骨組みを床の上に立て、接合する

正面と背面の骨組みを作る

骨組みに合板を張る

全体にルーフィングを張る

外壁と屋根のスギ板を張る

プロが作る小屋

げんげのはらっぱ

野田哲生

　もともと木工家具作家だったが、建築好きでもあり、結局は建築の訓練校に通って技術を習得したという、げんげのはらっぱの野田哲生さん（53歳）。三重県伊勢市出身で、岐阜県高山市、長野県伊那市と居を移しつつ、それぞれの土地で田舎暮らしと物作りを続けてきた。

　小屋を作るときは、あえて建築の常識どおりに作り込まず、素人っぽさや遊び心を意識するという野田さんが、これまでで

とくに印象に残っていると語るのが三重県いなべ市にある小さな店舗「絵本とこども道具kiwi」の製作。施主の田端昇さんとともに作業し、作業内容によっては仲間にも声をかけ、いわばコミュニティビルドのようにして作ったものだ。その店舗、すなわち丸い小屋と四角い小屋が合体した個性的な建物の製作過程を追うとともに、野田さんが作ったその他の小屋も紹介しよう。

kiwi

円柱体から直方体のほう
を見た様子。陳列棚には
選りすぐりの食品、雑貨、
絵本などが並ぶ

シダーシェイク張りの
円柱体と土壁の直方
体が合わさる。右端の
板張り部分はトイレ

円柱部分にはロフトがあり、子ど
も用の読書スペースとなっている

田端さんが描いた小屋のデザイン案

1/20スケールの模型を製作。複雑な形状だけに立体的なシミュレーションが大切

構造材は田端さんが伐採した敷地のヒノキ。一部は丸太のまま使い、他は製材所で角材に

軸組工法のための仕口は野田さんが加工

基礎は以前から倉庫に集めていた自然石。ここに柱を載せて石場建てとする

構造材がそろったら仲間を集めて建前。2日間で組み上げた

円柱部分の壁の下地は9mm厚の胴縁を1枚ずつ曲げて留め、3枚重ねている

円柱部分の壁下地。ここに透湿防水シートを張り、シダーシェイクを張った

円柱部分の屋根は野地板にルーフィングを張り、ガルバリウム平板をハゼ折りにして固定

農業用ハウスパイプを加工して土留めを作り、内側に25mm厚のフォレストボードを敷いた

土を詰め、その上に水が浸み出す灌水ホースを這わせている

土壁の下地は細いスギ板に荒縄を巻いたもの。藁や砂を混ぜた土を4回塗り重ねて仕上げた

自身のショールーム小屋。柿渋塗りの板と漆喰の外壁は藤森照信氏「ラムネ温泉館」へのオマージュ

others

トラックをモバイルハウス化するシェルは、荷台から降ろして小屋として使うことも

前後の壁のデザインを変え
た鶏小屋。背面はケイカル
板とスギ板によるストライプ

物置小屋ながら上辺を曲
線にした窓をつけ楽しげ
に。白い壁面はケイカル板

野田哲生さん

小屋を拠点に暮らす

[山口県萩市]

工場の屋根の下に収めた2階建ての小屋。ドアは学校の女子寮の扉、横の棚は理科室のキャビネット

1階の右側面。丸太の柱が並ぶ

背面。2階部分の出っ張りは本棚のもの

1階のリビングをドア付近から見た様子。限られた空間なので所有物は最小限だが、生活感が漂う

省スペースのため階段は棚に固定。右側に正面のドアがある

丸太柱の間に作りつけたキャビネット

階段の先の2階の出入口。2階は畳敷きの寝室

2階の室内高は1350mm。「動物の巣のような感覚」という忠弦さんの言葉に納得する

中原忠弦さん、知美さん

引き戸で仕切った収納がある。左側に見える建具が2階の出入口

料理に使う野菜やハーブはキッチンの周囲にある菜園から採取

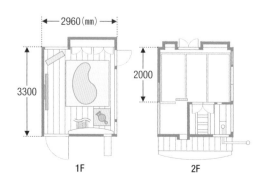

小屋のわきにあるウッドデッキ下のキッチン。天井の波板で雨も問題なし。照明がたくさんある

　山口県萩市にある中原木材工業の3代目で木工作家の中原忠弦さん（46歳）は、工場の敷地内に自宅をセルフビルドする計画を立てたが諸事情により頓挫。生活に必要な機能をすべて備えた家は作れなくても、小屋なら作れるだろうと方向転換した。とはいえ、その小屋はあくまでも生活の拠点であり、リビングと寝室の機能を担うもの。つまりそれは、小屋でまかなえない機能は小屋の外でまかなって暮らせばいい、というライフスタイルの切り替えでもあった。

　小屋を作るにあたり、忠弦さんはひとつのルールを決めた。材料を買わないこと。廃材など手元にあるものや譲ってもらえる資材だけで完成させるという、かなり難易度が高いルールだ。土台や梁や桁は解体材、柱は丸太。使用済みの型枠合板を引き取り、セメントを落として床の下地とした。室内の断熱に使ったのは、なんと廃棄予定だったライフジャケットの中綿。「まあ、断熱材として効いているかわからないですけどね」という淡々とした語り口に、こちらが想像する苦労は感じられない。それどころか「廃材で小屋を作るというのは、限られたカードで勝負するゲームのような面白さがあって。資材が豊富にあるよりもイマジネーションが広がるんです」ととてもポジティブだ。

　製作方法も大胆で、作業場で別々に作った2部屋をフォークリフトで現場に運び、積み重ねて2階建てにするというもの。これについては忠弦さん自身も「スリリングな作業だった」と振り返る。

　そうして作った小屋を拠点に忠弦さんと妻の知美さんが暮らし始めて1年が経つ。キッチンは、家のセルフビルドの一環として製作済みだったウッドデッキの下。自然石を積んだかまどやシンクを内蔵するテーブルがあり、七輪もよく使う。キッチンと小屋の間に置いたテーブルと椅子がダイニングスペース。工場の屋根があるから雨でも使える。トイレはアトリエにあるものを使い、風呂と電源は隣接する実家のものを拝借している。生活の機能を外へ分散させることにより、無理なく小屋暮らしを営んでいるというわけだ。

　今後はコンポストトイレ小屋などの増設も考えているそうで、小屋を拠点とする暮らしは柔軟に形を変えていきそうな気配。それは住宅という1棟の建物に縛られない、軽やかな生き方のようにも見える。

2960(mm)

3300

2000

1F　　　2F

自然と溶け合うアトリエ

[岐阜県中津川市]

間口3m×奥行6m。棟木の
長さは9mある。正面ドアの
前にウッドデッキを製作中

出窓から射す光がロフト
の漆喰壁に跳ねる

軸組の柱の間に溝を
刻んだ角材を積み上
げて壁を作っている

111

ブックエンドは登山靴。本棚の下に動物観察用の窓を作った

アトリエとしては申し分のない環境

成瀬洋平さん

岐阜の山中に生まれ、自然に囲まれた地で幼少時代を過ごした成瀬洋平さん（32歳）は、小学生になって間もなく、父・良一さんによる自宅のセルフビルドを目の当たりにする。当時住んでいた家から500mほど離れた敷地に家を建てる父の背中を見つめ、ときに手伝うこともあった。まだ幼かったが、良一さんと一緒に林の中で材料となる木を刈ったり、屋根に瓦を葺いたりしたという。これが原体験だ。また、そんな環境だから、「ないものは作る」という考え方がおのずと身についた。ノコギリ、カナヅチ、ノミには当たり前のように触れたし、高校時代には自宅の壁にクライミングボードを自作。岩登りの練習に明け暮れ、クライマーとなった。

そんな成瀬さんも、大学卒業を機に東京の広告代理店に就職。その後、山岳雑誌での連載が決まり、フリーのイラストレーターに転身。しかし、東京での暮らしを長く続ける気にはなれず、上京して3年後、故郷に戻ることにした。

新たな生活を始めるために空き家を探したが、なかなかいい物件が見つからずにいたとき、成瀬さんの頭に「自分で小屋を作って、そこに住む」という考えが浮かんだ。山の中に小屋を建て、動物や植物に囲まれた環境で絵を描いてみたいと思った。そうすると、今度は幸運にも自宅近くの林の中の土地を借りられ、セルフビルドが実現した。

小屋を作るにあたりイメージしたのは、ジブリ映画『魔女の宅急便』に出てくる絵描きの女性、ウルスラの住むアトリエを兼ねた山小屋。イラストレーターらしいモチーフだ。そして、父親のほかにもうひとり、実在の人物で影響を受けたのがヘンリー・デイヴィッド・ソロー。湖畔の森に自ら建てた小屋に2年2カ月の間ひとりで暮らし、『森の生活』を著した作家・詩人だ。実は成瀬さんとソローの間にも縁がある。大学時代の恩師が『森の生活』の訳者である今泉吉晴氏なのだ。当時、今泉氏の動物観察学の授業では『森の生活』を課題図書として読み進め、氏がアメリカで入手したソローの小屋の設計図が配られていたそうだ。自然の中に溶け込むような成瀬さんの小屋は、ソローの影響も受けているに違いない。

そんな小屋の中には机と椅子など必要最小限のものしかなく、慎ましやか。廃校からもらい受けてきたという建具がこの空間に似合っている。足元には動物観察用の小窓を設置。ときどき地ネズミが走る姿を見かける

そう。ロフトがあり、出窓から陽が射す。この出窓は屋根のフレームの組み立て作業をしていたら、あまりにも山の眺めが良かったため、急遽取りつけたのだとか。屋根での作業はクライミングギアとロープを駆使。クライマーならではの方法だ。

取材時の小屋はまだ製作途中ではあるが、アトリエとして使用している状態で、すでに大きなインスピレーションを与えてくれているらしい。「この小屋の中にいると、創作の原点に立ち返れる気がします。つまり僕にとっては夢中になって絵を描いていた日々のこと。ここにいると不思議と創作意欲が湧いてきて、イラストやストーリーのアイデアが浮かぶんです。いつかこの場所を題材にした絵本の物語を作りたいと思っています。ここにはストーリーの種があふれている。窓から見えた鳥の巣には卵があって、ある日ヒナが生まれ、いつの間にか巣立っていく……そんな瞬間を垣間見ることができる、自然と人の暮らしの境界線があいまいになるこの空間で、作品を作っていきたい」

現在、食事や就寝は実家だが、これから小屋にトイレやキッチンなどを作り、近い将来、生活する場所、すなわち家とする予定だという。

「家作りとは単に建物を作るだけじゃなく、"これからの自分がどう生きていくか"ということに向き合う作業だと思います。未来の自分の姿を想像しながら、手を動かしていく。それが家作りのような気がします」

そう語る成瀬さんは小屋を作りながら、ふと原体験を思い返す。あのとき父は、何を考えながら家を作っていたのだろうと。

父、良一さんは右に見える自宅のほか、左の姉夫婦が営むパン屋も建てた

モルタルで作る自由な形

[広島県大竹市]

陶芸用の灯油窯が収まる
小屋。熱がこもらないように
窓をたくさん設けている

壁に埋め込んだガラス
容器の周りに那智黒
石を並べ花を描いた

下端に並べたデンマークレンガが良いアクセントに

背面。右側の屋根が低い部分は燃料室

写真右側が小屋の背面。
壁を平らに仕上げる部分
はコンクリートブロック積み

小屋正面側。屋根を支える単管パイプの骨
組みは壁とも連結している

壁の強度を高めるため下部にリブのような補
強部を設けている

長澤さんの陶芸作品

長澤靖さん

陶芸が趣味の長澤靖さん（54歳）は念願の灯油窯を手に入れることになり、窯を設置する小屋を自作することにした。ただ、見慣れた陶芸窯の小屋はコンクリートブロックで建てるのが一般的で、デザインの面白さに欠ける。もっと楽しめる方法はないだろうか、と考えていたところに旅行で訪れたのが大分県の長湯温泉にあるラムネ温泉館。そこで目にした建物に感動し、建築家の藤森照信氏を知るとともに、「建物を作るってこんなに自由なんだ」と新たな観念が芽生えた。

そうなったからには自身の陶芸窯小屋も、ありふれたものにはしたくない。遊び心あふれる建物を求めて何枚もラフスケッチを描いた結果、たどり着いたのが、この愛嬌たっぷりのデザインだ。

描いたデザインを現実のものとするために選んだ工法は、自由に造形しやすい鉄筋モルタル工法。まずベタ基礎を打つために変形枠をコンパネとトタン板で作り、コンクリートの打設は業者に依頼した。硬化した基礎にコンクリートドリルで穴をあけて鉄筋を差し込み、その縦向きの鉄筋に横向きの鉄筋を番線で固定。そうして作った骨組みにラス網を張り、そこにモルタルを塗り重ねた。

たくさんある木製窓は、窓枠にあらかじめ鉄筋を固定しておき、その鉄筋を骨組みの鉄筋に番線で留めて取りつけた。外壁は漆喰で仕上げ、ぽってりとしてどこかユーモラスなフォルムのやわらかい印象が引き立っている。

ガルバリウム波板の屋根を支えるのは単管パイプによる骨組みで、室内に立てた柱からつながっており、モルタル壁と補強し合うような構造となっている。

見事なまでに遊び心たっぷりにできあがった小屋に、陶芸で蒸気機関車を作る長澤さんがつけた名前は「ぽっぽ舎」。あどけない響きが、和みムードを周囲に振り撒く小屋によく似合い、なんとも微笑ましい。

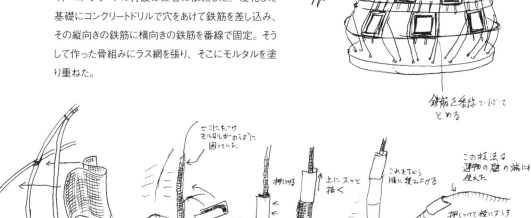

木が貫く
高床小屋

[兵庫県神戸市]

8面の壁で囲う小屋の正面
ドア側。丸太のステップを
踏んでウッドデッキに上る

背面側。外壁材は耳つき
の野地板で、鎧張りと縦張
りを組み合わせている

室内を貫くヤマモモの木
に合わせて曲がった一枚
板のカウンターを設置。8
面の壁すべてに窓がある

壁まで通した8本の丸太柱のほかに自然木を束柱に。大引と根太を柱に留め、デッキを製作

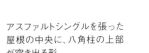

梁は2×4材用の金具で支持。金具を叩いて丸太の形に曲げている

柱は基礎石の羽子板に留め、その反対側に挿した鉄筋にも固定

アスファルトシングルを張った屋根の中央に、八角柱の上部が突き出る形

十字に梁を組み、8枚の1×4材で作った八角柱を載せ、その上部から壁の上へ垂木を渡している

谷岡多鶴子さんと
娘さん、お孫さん

離れて見ると小屋は木々
に埋もれている。夏はいっ
そう姿が隠れる

お孫さんの隣で見せる笑顔は確かに溌剌としている谷岡多鶴子さんだが、この小屋をほとんどひとりで作ったと知らされると驚きを隠せない。傾斜地に立つ高床式で、床が八角形。作りやすい場所にベーシックな小屋を作るよりも難易度はずっと高いはずだ。

事の発端は、自宅近くの100坪ほどの丘でモモ、イチジク、カキ、ビワなどの木が立つ家庭果樹園作りに励むうち、「休憩小屋が欲しい」と思ったこと。小屋を建てるならツリーハウスがいいと思っていたそうで、木々の間に、木を抱くように高床式の小屋を作ることにした。八角形にしたのは、単純に数字の8が好きだからとのことだが、現実はそう単純ではなく「想像以上に大変だった」と谷岡さんは笑う。

自宅で使う簡単な家具を作るなどDIYになじみがないわけではなかったが、そもそも今度のお題はスケールがまったく違った。それでも木材の切断には基本的にノコギリを使い、基礎石の設置には園芸用のハンドスコップを使うというふうに自身のスタイルで地道に作り続けたというからその情熱には頭が下がる。

八角形を作るための8本の柱には、たまたまホームセンターで見つけた4mの足場丸太を使用。これを基礎石に立て、小屋よりひとまわり大きいウッドデッキを作ってから本題へと移った。八角形という複雑な形ゆえ、材のカットはすべて現物合わせ。地上から4mほどの高さになる屋根の施工ではヘルメットと命綱をつけ、ひと

り奮闘した。そして着工からおよそ3カ月後、イメージした小屋ができあがった。

「3カ月間、よく遊んだという感じです。誰かにいえば手伝ってくれるんだけど、あえてひとりでコツコツ作るのが本当に楽しかった。この歳になっても、やればできるんだなぁとうれしくなりました」

完成した小屋は休憩のみならず、別の有意義な使い方が定着している模様。

「月に一度、陶芸仲間4、5人で女子会ランチを楽しむんです。みんな予想以上にくつろいでくれて、帰り際に『また来るわ』って次回の約束をしていくんです」

谷岡さんも、ほどよく狭い小屋の中で、友人とひざを突き合わせておしゃべりするのが楽しみなのだそう。小屋作りの楽しさは、小屋で過ごす楽しさへとスムーズにシフトしたらしい。

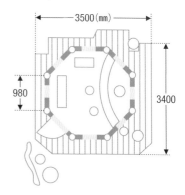

廃材のパッチワーク

手元にある材料を張り合わせた外観は、集められたもので上手にこしらえる動物や虫の巣を思わせる

ミニマルな暮らしぶりがうかがえる
3畳の小屋の中

薪ストーブ周りには炉
壁としてケイカル板を
張り、乱張り石、モザイ
クタイルを重ねている

ロフト。隅や板の
継ぎ目にロープを
伸ばしている

ドアも廃材のパッチワーク。周囲になじみ、パーゴラ風の張り出し
がなければドアと気づかないかもしれない

奔放さを感じさせる窓
枠が楽しげ

主にカフェのリフォームで出た
廃材を使ったという壁面。屋
根には廃材の野地板を使用

下側の板に上側の板
を重ねて張っている

テント暮らしで日本を旅していたところ、北海道で大工修業を始めることになった吉田哲朗さん。その後、調理師なども経験したうえで、身につけたスキルを総合的に生かせる仕事を請け負う「ヨシダ創造所」を立ち上げた。業務内容は小屋や家具の製作からフードプランニングまで幅広い。

そんな吉田さんが作った小屋は、独特の外観を呈する。スギ板、フロア材、窓枠、棚の引き戸、フォトフレーム、鉄板、波トタンなど種々雑多な廃材が、まるで磁石に吸い寄せられて張りついたかのような様相だ。どうやら材料を買うという発想はないらしく、廃材はもちろん、たとえば店舗の内装を手がけた際に余った材料などもストックしておくが、その場合はほかの廃材と調子が合うように天日干しにして自然なエイジングを施すのだという。

使う材料がサイズを合わせてそろえたものではないのだから、おのずと設計図のないアドリブ的な製作過程をたどることになる。手元にある素材で何ができるか、それを常に考えながら材を選定し、組み立てていく。この長さなら梁に、この太さなら柱にと偶然が小屋を作っていくのだ。とはいえ、ただ材料のサイズを合わせて建物に仕立てられればOKというわけではない。

「いかに遊び心を込めるかが大切です。見た人があっと驚く顔を想像しながら、製作に没頭するんです。ただの箱を作るつもりはない」

また吉田さんは床面積にもこだわる。

「昔やってた小さな飲食店が3畳でした。その広さって不思議に心地良くて、誰といても仲良くなってしまう感じがする。だから、小屋の広さも3畳がいい」

小屋を「テントと家の中間」と表現する吉田さん。つまり、室内にいれば家に近いけれど、一歩先には野外の解放感が待っているというのが、その所以。そんな空間にいると、ワクワクしながらいろんな遊びや夢の想像が膨らんでいくのだとか。

壁面の賑やかさが目立って見過ごしがちだが、差掛け屋根を設けた段違いの屋根形状にも注目したい

吉田哲朗さん

火遊びのための小屋

半割りにして節を抜いた竹を互い
違いに組み合わせ、すき間のない
屋根と壁を製作。雨漏りはしない

畑の中に立つため煙
が出ても問題ない。
四角く張り出した部
分にピザ窯が収まる

正面と背面は三角形
だが、側面の壁は垂
直に立つ。大きな窓
と出入口を開ければ
開放感がある

火遊びのための室内。囲炉
裏の前に座る冨山勝さん

自在鉤と火棚も竹で
製作

　母屋にも囲炉裏があるが、もっと大きな火を焚
ける場所が欲しいと、火遊び用の小屋を作った
冨山勝さん（57歳）。竹を大胆に使ってAフレー
ム風に仕上げた主部を持つデザインは、弥生時
代の住居や合掌造りからインスピレーションを得た
という。室内は全面を土間にしてあり、気安く火
を扱える。雨風は屋根と壁が防いでくれるから、
まさに火遊びには好条件の空間だ。

　小屋の中には囲炉裏とピザ窯を設置。囲炉裏
は大きめの石を円形に並べ、粘土で固定したも
の。内側を10cmほど掘って灰を入れている。直
径が約1.4mあり、ダイナミックな火を焚いてステー
キを焼くのが家族や友人に大好評だとか。ピザ
窯は耐火キャスタブルで火床と焼き床を作った二
層式で、鉄の扉も溶接を施して自作。ピザは生
焼けだったり真っ黒に焦げたりと温度調節が難し
いが、すぐそばの畑で採れた野菜を載せたピザが
うまく焼けたときには格別のおいしさなのだそう。

スクールバスの焙煎所

[千葉県千葉市]

車内後方。背面の壁にふたつ並んだ換気扇が見える。左右のタイヤハウスを箱で隠し収納にも活用

FORDのスクールバス。自走はできず、小屋として余生を送る

入手直後の状態

内壁や床をはがし、床の下地を留めたところ

タイヤハウスにかぶせた箱の中

車内前方はカフェスペース。ステアリングが愉快

通りすがる人にリノベーションをほのめかすリアの換気扇フード

根岸哲治さん

　何気なく見ていたネットオークションで1974年製の黄色いバスを発見した根岸哲治さん（38歳）は、「これを買ったら人生面白くなるかも」と直感で落札。配送費込みで25万円だった。

　大のコーヒー好きである根岸さんがひらめいたのは、このスクールバスを焙煎所にするというアイデアだ。くたびれきっていた車内の座席やフロアシートを取り外し、いったんがらんどうにしたら、断熱材を仕込んだうえで壁と床を木装。天井をクリーム色に塗装すると、居心地の良い空間に生まれ変わった。

　そしてリアの非常口ドアを取り外して換気扇を2基取りつけ、その内側を焙煎スペースに。すでにホームロースト歴が長い根岸さんは、ドラム式ロースターやガスコンロなど、大がかりではないけれど十分な設備を整えた。以来、スクールバスは排気ガスではなく特有の芳香を放つようになり、友人たちを引き寄せる小屋に変身したのであった。

「だから小屋作りは面白い」

デザイナー・山口暁のセルフビルドストーリー

和歌山県紀美野町の小さな丘をデュニヤマヒルと名づけ、数多の小屋を建造、
自宅を兼ねたセルフビルドミュージアムとして公開している山口さん。
ユニークでアーティスティックな建物を建て続ける動機を問えば、
舞台照明デザイナーを魅了する、小さな建築の面白さが見えてくる。

やまぐち・あきら｜1957年、福岡県生まれ。フリーの舞台照明デザイナーであり、セルフビルドプロデューサー。デュニヤマヒルにて、ユニークな小屋群を建築、公開。小屋作りの面白さをたくさんの人とシェアしている。
https://www.duniyamahill.com/

「ノア」と名づけた舟型の小屋。打ち捨てられていた本物のボートをベースにしている

ノアの室内。狭小ながらもベッド、書斎、簡易キッチンをレイアウト

デザイナーとしての矜持が
小屋作りへと導いた

　僕は福岡で生まれて、ごく普通の家庭に育ったけど、思い返せば小学生のころからなぜか建築家になりたいって夢があった。だから高校は工業高校に進学するつもりだったんだけど、両親の意向で普通科の高校に通うことになって、そこで演劇と出会った。それからの自分は青春を演劇に捧げる、まさに演劇青年。大学でも演劇サークルに所属して、24時間演劇のことばかり考える日々を送ってたんだけど、そのころに裏方の仕事の面白さを知った。演じることよりも舞台のディレクションやデザインに惹かれていったんだよね。実はこの舞台の面白さって小屋作りと共通するところがあって。それはつまり、なにもないところに等身大のスケールで、一から創造していくところ。今思えば、自分にはこの下地があったから小屋作りに抵抗なく熱中できたんだと思う。

　そんな自分がなぜセルフビルドを始めたのかっていうと、実は舞台照明デザイナーとしての転機が関係して

高床式のジオデシックドームハウ
ス。五角形と六角形のパネルを組
み合わせてドームを形成する

盟友がデザインし、山口さんが
リーダーとなってコミュニティビ
ルドで作った「葉っぱハウス」

いるんです。大学卒業後は上京して、それから30年あ
まり舞台の仕事を続けてきたけど、好きで始めた仕事
がいつの間にかビジネスに振り回されるようになってき
た。忙しくて仕事をこなすのは、創造とはほど遠く「こ
れはやばい」って危機感を抱いた。僕はビジネスマンじゃ
なくデザイナーとして生きていたい。そこで心機一転、
妻と息子のいる和歌山に移り住んで、食と住環境を
変えてみようと思ったんです。自然に囲まれた環境で、
気持ちのいい家に住み、よりオーガニックなものを食べ
ることにより、デザイナーとしてよりピュアになれるんじゃ

ないか。そんな流れでデュニヤマヒルを作ることになった。
　デザイナーとして大事なことはオリジナリティ。それは
自分で見出し、直感で拾ってくるしかない。ビジネスに
振り回されていたころは、よく朝まで寝ないでデザイン
を考えたりしたけど、そういった「思考」は不安やネガ
ティブな感情の対処でしかない。一方、「直感」はピュ
アで真実性がある。僕の小屋のデザインもこの直感
にゆだねる部分が大きい。形にこだわらず、面白くワ
クワクできるものを作ること、それが僕の小屋作りの
ルールです。

ストローベイルハウス室内。藁
を圧縮したブロックを積んで壁
を作り、土塗りで仕上げている

ターニングポイントは
土建築

　和歌山に移住して、気持ちのいい土地が手に入っ
て、自宅兼イベントスペースのセルフビルド計画「デュ
ニヤマヒルプロジェクト」が始まったのが、2011年。
当時は自分で家を建てたことなんかないし、技術もな
い。でも小屋だったらなんとか建てられそうだし、キッチ
ン棟、寝室棟と目的別に異なった工法で小屋をたく
さん建てたら面白いなって思ってた。

　さあ、どうしようというところで出会ったのが『ホーム
ワーク』という世界中のセルフビルド建築が載っている
本。「家を作るってこんなに自由なんだ」と衝撃を受け
て、本を閉じた次の日には大工道具を買いそろえにいっ
たのを覚えてる。小屋を作るというより、ユニークなデ
ザインのオブジェを作って、そこに人が住んでたら超面
白いじゃんというのが、僕のセルフビルドの始まり。

　デュニヤマヒルには8棟の小屋を作ったんだけど、中
でもターニングポイントになったのがストローベイルハウ
ス。つまりは土建築。土を材料に使い、ローコストで

直径6m、高さ4m。講師を招き、ワークショップを交えながら約8カ月の期間で作った

誰でも施工できるセルフビルドは、デュニヤマヒルにぴったりだったし、自然素材に囲まれる空間って本当に気持ちがいいんだよね。波動がいい。これは僕にとって大きな発見だった。それまでは家は利便性があればいいと思ってたけど、実は違うんだなとこのとき実感した。

ベイルを積んだり、土壁を塗るのはひとりの作業ではなかなか進まないので、初めてワークショップ形式にして仲間と作った小屋でもある。丸くかわいい建物をたくさんの人たちと一緒に作るのも刺激的だった。

ちなみにデュニヤマヒルに初めて作った小屋は、壁に廃材の畳を入れて、土壁で仕上げたタタミハウス。畳って日本が生んだ究極のストローベイルだと思ってね。友人とふたりで3週間かけて作ったんだけど、完成したときはめちゃくちゃうれしかった。12月で雪が降ってたんだけど、中で完成飲み会やってね。これがデュニヤマヒルの原点。ただ屋根の防水が甘かったから、あとで雨漏りでエライ目にあって。それ以来、誰かに小屋を作る相談を受けたら「屋根の材料はケチるな。あとで痛い目にあうぞ」って言うようにしてる。

デュニヤマヒルの原点、タタミ
ハウス。壁に畳をはめて竹小舞
を編み、土壁で仕上げた

これも土建築のアースバッグハウス。直径5mのメインドームの左右に直径2.5mのサブドームを連結

右側のサブドーム内。珪藻土で仕上げた涼しい室内では、メディテーションを行なうことも

メインドームの室内は漆喰塗りで仕上げ、ロフトを設置。右側に見えるのは既存の石垣

山口さんがデュニヤマヒルや各地で行なったワークショップの様子。参加者の表情が面白さを物語る

みんなで小屋を作ることの魅力

セルフビルドはひとりで創意工夫しながら建てる楽しみもあるけど、僕はやっぱりみんなで建てるのが好き。10年以上、デュニヤマヒルはもちろん、日本のいろんな場所でたくさんの人とセルフビルドワークショップを行ないながら、小屋を作ってきました。僕はみんなで楽しみながら小屋を作ることを「ワクワク波動建築」と呼んでいます。ワクワクに満ちた時間の中、そこに引き寄せられた仲間と作る小屋は単なる建物ではなく、ひとつの作品として現れる。

年齢や性別がバラバラな人が集まって、みんなで楽しみながらひとつになって作る。ワクワクしながら作る。そんなふうに楽しくて仕方がないときに人が出している波動は高いんです。嫌々作っているものとワクワクしながら夢中になって作っているものの波動は違う。波動が高いものは美しくて強い。良い悪いではなく、豊かなものができる。

もっと言えば、小屋作りは単なるツールなんです。セルフビルドワークショップを行なうと、バックボーンが違うさまざまな人が、さまざまな目的で集まり、互いにいろんな話ができる。ときには生き方を模索している人が

集まったりしてね。そこで寝食をともにして、小屋作り
という共通体験ができる。たくさんの人がいる現場で自
分の役割を見出し、しがらみや制限を超えて、精神的
につながれる。

　そして、年齢も性別も職業も関係なく、みんながフラッ
トな環境で、日常では隠している本当の姿を見せられる、
自分自身が解放される時間を手に入れることができる。
それがみんなでやるセルフビルドの魅力だと思う。

　ワークショップでよく言うのは「楽しくなくなったらやめ
ればいい。嫌になったらやらなくていい」ってこと。小
屋を作るときはぜひ楽しいことだけ追い求めてほしいね。

　これまで、たくさんの小屋を作ることによって、デザ
イナーとしての自分がイキイキしているのを感じます。
小屋作りのおかげで以前よりも創作意欲が増して、もっ
といろんなものを作りたいと思ってる。今は最初に作る
ものを決めてかかるよりも、目の前に材料があって、そ
こから何が作れるかって考える、即興的な建築に惹か
れてます。過去でも未来でもなく、「今」に没頭しなが
ら、これからももの作りを続けていきたいね。

ベーシックな小屋の作り方

DIYで作りやすい2×4
工法を採用した作例

材料は屋根材にトタン波板、外壁材に
スギ板など入手しやすいものばかり

床面積1820×2730mm、
室内高1820〜2275mm
というサイズ設定

床を作る

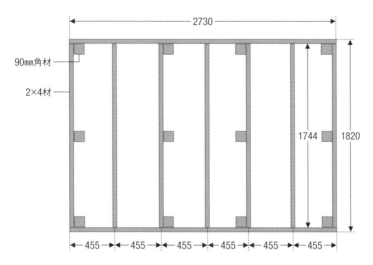

床の骨組み図（単位はmm）。2×4工法では、太さ38×89mmの2×4材を
455mm間隔で配するのが基本

01 図の90mm角材の位置に基礎石を据えるため穴を掘る

02 穴の底を突き固めてから砕石を入れ、さらに突き固める。砕石の厚さは50mmほど

03 四隅の穴に羽子板つきの基礎石を据え、適当な長さに切った90mm角材を固定する

04 塗装を済ませた2×4材を図のように組み立てる。1カ所につき75mmビスを2本打つ

05 組み立てた2×4材を四隅に立てた90mm角材に水平に留める。クランプによる仮留め

06 四隅以外の穴に基礎石を水平に据え、骨組みの上面までの寸法を測る

07 測った寸法より10mmほど短く切った塗装済みの90mm角材を基礎石と2×4材に75mmビスで留める

08 四隅以外のすべてに90mm角材を固定したら、四隅の角材も適切な長さに切り直しビスで留める

09 対角線の長さを測り、2本の長さが異なる場合は四隅を押し引きしてそろえる

10 基礎石の周囲に土を埋め戻す。90mm角材の木口の塗装を忘れずに

11 骨組みに構造用合板（12mm厚）を40mmスリムビスで留める。骨組みと合板の端をそろえる

12 合板の中心部にも骨組みがあるので、中心に線を引いて線上にビスを打つ

13 910×1820mmの合板を切らずに3枚並べて張る。合板の継ぎ目は2×4材の中心になる

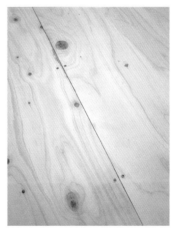

14 合板同士をすき間なく並べ、300mmほどの間隔でビスを打つ

15 床のできあがり

壁の下地を作る

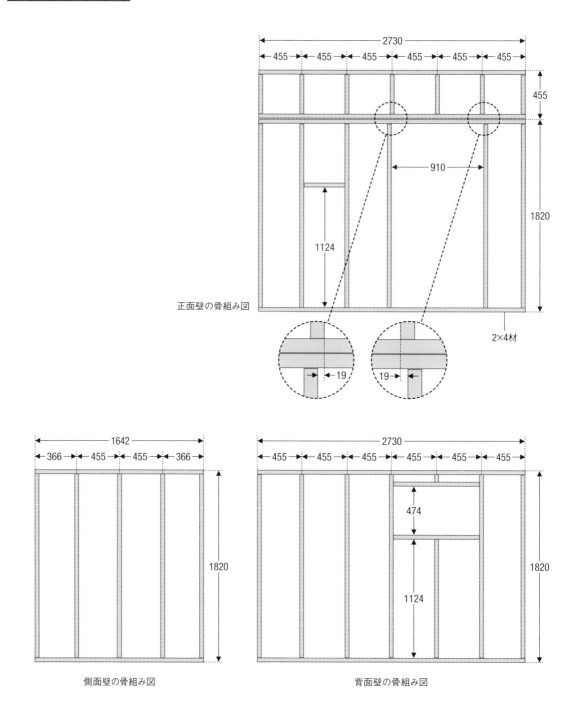

正面壁の骨組み図

2730
455 455 455 455 455 455
455
1820
910
1124
19 19
2×4材

側面壁の骨組み図

1642
366 455 455 366
1820

背面壁の骨組み図

2730
455 455 455 455 455 455
474
1820
1124

01 図のように骨組みを組み立てる

02 組み立てた骨組みを90mmビスで床の骨組みに固定する

03 4面の骨組みを床に固定し、壁の骨組み同士も75mmビスで接合する

04 正面には、別途組み立てた骨組みを上に固定する

05 骨組みに構造用合板を張る。合板を載せる台を仮留めしておくと作業しやすい

06 建具用の開口部を切り欠いて全面に合板を張る

屋根の下地を作る

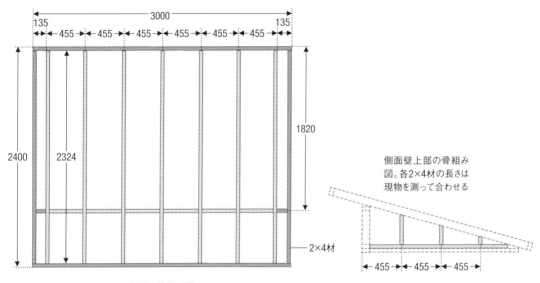

屋根の骨組み図

3000
135 / 455 / 455 / 455 / 455 / 455 / 455 / 135
2400
2324
1820
2×4材

側面壁上部の骨組み
図。各2×4材の長さは
現物を測って合わせる

455 → 455 → 455

01 前後の壁の骨組みの両端にそろえ
て2×4材を固定する。前後へ突き出
す長さは任意

02 75mmビスを斜めに打って壁の骨組み
に留める

03 固定した2本の2×4材の両端に塗
装済みの2×4材を図のように留める

04 図の間隔で縦向きの骨組みを追加する

05 縦向きの骨組みは前後の壁の骨組みに固定する。両側から75mmビスを斜めに打つ

06 横向きの骨組みを追加する。ビスを真っすぐに打てない箇所は両側から斜めに打つ

07 両端の材は壁を仕上げてから留めるので、いったんここまで骨組みを作る

08 側面壁上部の骨組みを作る。図の位置に2×4材を立て屋根の骨組みに沿って切断線を記す

09 記した線に合わせて角度をつけて切る

10 切り出した材を組み立てる

11 組み立てたパーツをはめて固定する。上側は屋根の骨組みから75mmビスを斜めに打つ

12 側面壁上部に合板を張るにあたり、切り欠く位置を現物を測って写し取る

13 屋根勾配に合わせて斜めに切った合板に切り欠く位置を記し、両側に切り込みを入れる

14 切り込みの先端の間にノミをあてて切り欠く

15 加工を終えた合板を側面壁上部に張る

16 前後壁上部の屋根の骨組みの間に 2×4材を留める

17 留めた2×4材に合板を張る

18 屋根の骨組みに合板を張る。中央上端にそろえ、両側を2×4材の中心に合わせる

19 中央に張った合板の両側に、幅を19mm切り落とした合板を張る

20 下部には上部と同じ幅の長さ580mmの合板を張る

21 全面に合板を張り、両端の骨組みを除いた屋根下地のできあがり

防水処理をして外壁を張る

01 屋根下地の下端にそろえてルーフィングを張る。タッカーでステープルを打って固定する

02 十分に重ねて上へと張り進める。両側にはみ出した余分はあとで切りそろえる

03 壁下地の下端にそろえて透湿防水シートを張る

04 十分に重ねて上へと張り進める

05 建具用の開口部に合わせてカッターで切り欠く

06 全面に透湿防水シートを張り、壁の骨組みの位置を記す

07 壁の骨組みに、外壁材を留める下地角材（作例では15×45mm材）を固定する

08 前後壁は、屋根の骨組みの両わきにも下地角材を留める

09 下地角材の下端に、外壁材に角度をつけるためのスペーサー（20〜30mm幅の合板）を留める

10 下端に外壁材（スギ野地板）を張る。32mmのステンレススクリュークギで下地角材に留める

11 20〜30mm重ねて上列の外壁材を張る。一定の重ねしろにセットできるジグを用意すると便利

12 前後壁の最上列の外壁材は屋根の骨組みにあたらないように切り欠く

13 切り欠いた外壁材を固定する

14 側面壁の上部は屋根勾配に合わせて斜めに切り、骨組みの位置を現物に合わせて切り欠く

15 切り欠いた外壁材を固定する

16 外壁を張り終えた状態。前後壁の外壁材の継ぎ目は1列ごとにずらす

外壁の枠をつけて屋根を張る

01 外壁の四隅の2面の寸法を測る

02 必要な長さに切った2面分の材（作例では15×90mm材）をスリムビスで直角に接合する

03 直角に接合した材を外壁の四隅に固定する

04 外壁が仕上がったところで、屋根の骨組みの両端の材を固定する

05 追加した骨組み材に合板を留め、ルーフィングも端まで留める

06 屋根材を留める下地角材（30×40mm材）を固定する。縦向きの骨組みに75mmビスで留める

07 上端から下端まで等間隔に6本の下地角材を固定する

08 屋根の左右と下側にカバー材（15×90mm材）を固定する。上端を下地角材とそろえる

09 端から屋根材（トタン波板8尺）を張る。5山おきに傘クギを打ち、下地角材に留める

10 張り終えた波板に2山半以上重ねて次の波板を張る。重ねた波板の端の山は必ず留める

11 カバー材より少しだけ外側に出るように重ねしろを調整して波板を張り終える

12 波板の上端にそろえて棟カバーの下地材（15×90mm材）を固定する

13 棟カバーの端部を金切りバサミで加工する

14 加工前（上）と加工後。ふたつの面を別々に折り曲げられるようにする

15 棟カバーを下地材にかぶせて位置を合わせ、加工した部分を折り曲げる

16 ふたつの面を折り曲げて重ね、傘クギで側面に留める

17 棟カバーの片側を屋根の骨組みに留める

18 もう一方は下地材の側面に留める

19 継ぎ足す2枚目の棟カバーの角をペンチで起こし、1枚目にはめ込みやすくする

20 1枚目の端の外側への折り返しと2枚目の端の内側への折り返しを組み合わせて継ぐ

21 1枚目の端部と同様に折り曲げる分を含め、必要な長さを記して切る

22 適切な長さに切って端部を加工し、折り曲げる

23 1枚目と同様に2枚目の棟カバーを傘クギで留める

24 棟カバーを取りつけて屋根張り作業は終了

建具を作る

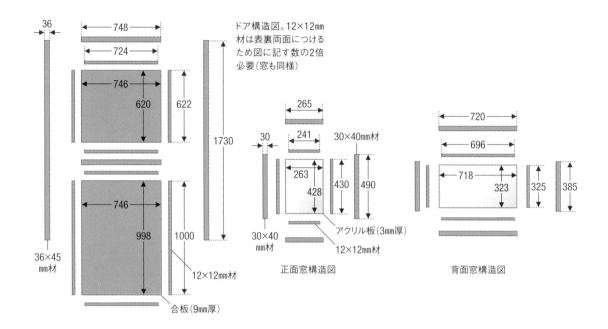

ドア構造図。12×12mm材は表裏両面につけるため図に記す数の2倍必要（窓も同様）

36×45mm材

36

748

724

746

620

622

1730

746

998

1000

12×12mm材

合板（9mm厚）

30×40mm材

アクリル板（3mm厚）

12×12mm材

30×40mm材

265

241

30

263

428

430

490

正面窓構造図

720

696

718

323

325

385

背面窓構造図

01 ドア用開口部の下端の2×4材を切り取る

02 左右と上の3辺にドア枠を固定する。外壁より少し外側に出して骨組みに75mmビスで留める

03 窓枠は4辺に取りつける

04 ドア縁を日の字形に組み立てる。各接合部に75mmスリムビスを2本打つ

05 合板を固定する12×12mm材を留める。下穴をあけ32mmステンレススクリュークギを打つ

06 ドア縁の内側4辺に留めた角材に合板を載せる

07 12×12mm材で合板を挟んで固定する

08 取っ手を取りつける。作例では自然木を使用

09 ドア縁に蝶番を固定する

10　蝶番を介してドアをドア枠に固定する。上下のすき間を均等に

11　ドアにラッチを固定し、位置を合わせてドア枠にラッチの受けを留める

12　ドアに丸落としを固定し、位置を合わせてドア枠に穴をあける位置を記す

13　記した位置にドリルで穴をあける

14　穴の位置に合わせて付属のプレートを留める

15　ドアを閉じたときの位置に合わせて戸当たり（作例では18×18mm材）を固定する

16 丸落としを避けて左右と上の3辺に戸当たりをつける（P169参照）

17 窓用のアクリル板の切断にはアクリルカッターを使う。繰り返し切り込んで深い溝を作る

18 十分に深い溝が削れたらアクリル板を折り曲げて割る

19 窓の作り方はドアと同様。窓縁を組み立て、アクリル板を12×12mm材で挟む

20 窓枠に蝶番を介して取りつけた正面窓。丸落としと戸当たりをつける

21 背面窓は上縁に蝶番をつけ、丸落としは下縁につける

塗装の色合いによっても雰囲気が
変わるベーシックな小屋のできあがり

アレンジ版2×4小屋の作り方

基本構造はP140の小屋と同じ
だが、外壁は板の縦張りと漆喰
塗りのツートン。ドアは異形

建具にはアンティー
クガラスを使用

天井、内壁、床板を張る。天井と
内壁の裏には断熱材を。棚とデ
スクを作りつける

天井と内壁は漆喰仕
上げ。棚の天板と
ニッチにタイルを張る

外壁を縦板張りで仕上げる

01 外壁材を縦向きに張る場合、下地角材は横向き。骨組みの位置にビスを打ち、455mm間隔で留める

02 外壁材（スギ野地板）を下地角材に固定する。外壁材の継ぎ目は下地角材の中心に合わせる

03 外壁材の継ぎ目は1列ごとにずらす

04 列の継ぎ目に細材（作例では15×90mm材の幅を3分割）を固定。下地角材にスリムビスで留める

05 外壁の四隅に枠を固定する（P153参照）

06 縦板張りの外壁のできあがり

外壁を漆喰で仕上げる

01 壁の骨組みにラスカットという板を張る。構造用合板と同様に切り、スリムビスで留める

02 モルタルを用意する。セメント1:砂3の体積比で混ぜ、水を加えて練り、塗りつけやすいやわらかさに

03 コテ板にモルタルを載せ、金コテでラスカットに塗りつける

04 全面になるべく均一な厚さ(5〜8mm程度)で塗り、1日以上おいて乾かす

05 水を含ませたブラシでなでるなどして、乾いた表面を軽く湿らせる

06 外部用漆喰(作例では「漆喰ヘイ!ヌレール」)を3〜4mm厚を目安に全面に塗り広げる

アンティークガラス窓を作る

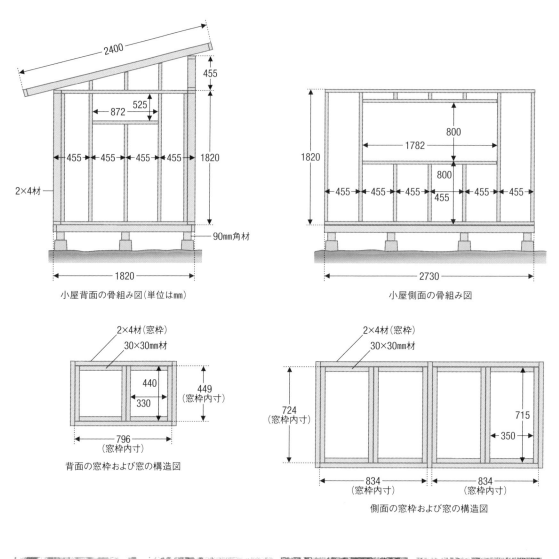

2400

455

872 525

455 455 455 455 1820

2×4材

90mm角材

1820

小屋背面の骨組み図（単位はmm）

1820

800

1782

800

455 455 455 455 455 455 455

2730

小屋側面の骨組み図

2×4材（窓枠）
30×30mm材

440
330

449
（窓枠内寸）

796
（窓枠内寸）

背面の窓枠および窓の構造図

2×4材（窓枠）
30×30mm材

724
（窓枠内寸）

715
350

834
（窓枠内寸）

834
（窓枠内寸）

側面の窓枠および窓の構造図

アンティークガラスはネットショップでオーダーサイズで入手。4×370×675mmの各柄を側面窓に、4×350×400mmの左端柄2枚を背面窓に

01 骨組みに窓枠を固定する

02 平行定規をつけたトリマーで、窓縁材の中心にガラス厚＋1mm幅、深さ10mmの溝を彫る

03 側面窓1枚分の縁材。縦縁は組み立て後に木口が露出するので端まで溝を彫らない

04 横縁2本と縦縁をコの字形に組み立てる。各接合部にスリムビスを2本打つ

05 溝にガラスをはめる

06 残りの縦縁を固定する

07 縦縁の上下端から一定の位置に蝶番のサイズに合わせて深さ2mmの切り込みを入れる

08 切り込みを入れた部分をノミで欠き落とす

09 窓枠の上下端から一定の位置に蝶番を留め、窓縁の切り欠きに蝶番をはめて固定する

10 閉じた窓の位置に合わせて4辺に戸当たりを固定する（P159-160とは異なる手順）

11 観音開きの2枚の窓の一方に丸落としを固定する

12 丸落としの位置に合わせて戸当たりに穴をあける

13 穴の位置に合わせて付属のプレートを固定する

14 観音開きの2枚の窓の一方に打掛の受け金具を固定する

15 もう一方の窓に掛け金具を固定する

16 3組の観音開き窓のできあがり。真ん中のすき間が気になる場合は一方の窓に薄材を固定してふさぐ

異形のドアを作る

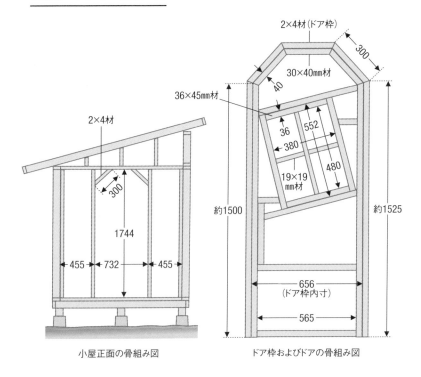

2×4材（ドア枠）

30×40mm材

36×45mm材

36

552

380

480

19×19mm材

約1500

約1525

2×4材（ドア枠）

300

40

656
（ドア枠内寸）

565

ドア枠およびドアの骨組み図

2×4材

300

1744

455　　732　　455

小屋正面の骨組み図

使用したアンティークガラスは4×400×500mm

01 ドア用の開口の上部を台形にするため、両端が45度の骨組み材を切り出す

02 切り出した材を開口上部の左右に固定する

03 骨組みの形状に合わせて合板（作例ではラスカット）を張る

04 135度の隅に自由スコヤをあて、目見当でおよそ半分の角度を写し取る

05 角度を決めた自由スコヤに合わせてドア枠材を切り出す。丸ノコを使う場合は刃を傾ける

06 角度をつけて切ったドア枠材を骨組みに固定する

07 残りの角度を自由スコヤに写し取る

08 自由スコヤに合わせて両端を切ったドア枠材を固定する

09 さらに残りの角度を写し取った自由スコヤに合わせて材を切り、はめ込む

10　下辺以外にドア枠を取りつける

11　ドア枠に丸ノコ用の角度定規または
　　自由スコヤをあて、角度を写し取る

12　写し取った角度で材を切り、骨組み
　　上部を組み立てる

13　19×19㎜材の中心を19㎜幅、深さ
　　9.5㎜で切り欠く。まず4本をまとめ細
　　かく切り込みを入れる

14　切り込んだ部分をノミできれいに欠き
　　取る

15　2本ずつ十字形にきれいに組み合う
　　ことを確認する

16 ガラス窓を作り、裏表両面に十字形の19×19mm材をはめ、スリムビスで固定する

17 骨組みにガラス窓を固定。30mm厚の骨組みを4mm厚合板に載せれば45mm厚の窓が上に11mm張り出す

18 ガラス窓の傾いた角度を丸ノコ用の角度定規に写し取る

19 写し取った角度で切った骨組み材をスリムビスで固定する。位置によっては斜めに打つ

20 表裏両面の板、取っ手、ラッチを留める下地として骨組みを追加する

21 表面に11mm厚の羽目板を並べる。窓の周囲は現物に合わせ角度切り。上端はあとで切りそろえる

22 羽目板を骨組みに固定する。作例では25mmの銅クギを使用

23 ドアを裏返し、上端部の骨組みに沿って羽目板を切りそろえる

24 裏面に張る4mm厚のラワン合板にドアを載せ、現物に沿って形状を記す

25 合板をドアの形に切り、現物を測って窓の四隅の位置を写す

26 写し取った四隅を結んだ四角形を切り抜く

27 合板をドアの裏面に合わせ、スリムビスで固定する

28 表裏に取っ手を固定する。凝ったデザインの取っ手を使えばドアの完成度が高まる

29 蝶番を介してドアをドア枠に固定。4mm厚の合板にドアを載せて下側にすき間を設けている

30 ドアにラッチを固定し、位置を合わせてドア枠に受け金具を留める

31 裏面にもラッチを取りつける

32 ドアを閉じた位置に合わせ戸当たりを固定する。作例では上部の台形部分のみとしている

33 異形ドアのできあがり

床板を張る

01 合板の上か下に断熱材を入れると断熱性が高まるが、作例では合板に床板を張るのみとする

02 側面の凸部を切り落としたカフェ板を端に張る。凹部にスリムビスを打ち、床の骨組みに留める

03 板の端部には床の骨組みがないがスリムビスを打ち合板に留める

04 前列の凹部に凸部をはめて張る。カフェ板のサイズは30×200×2000mm。継ぎ目は1列ごとにずらす

05 最後の列はすき間の幅に合わせて割いた材を叩き込み、壁際に真上からスリムビスを打つ

06 カフェ板はホームセンターで購入できるスギ材。床用塗料を塗って仕上げる

天井と内壁を漆喰で仕上げる

01 骨組みの間に断熱材(作例ではグラ
スウール)を詰める。ステープルで骨
組みに固定する

02 屋根裏と壁面に断熱材を詰める

03 天井と壁の継ぎ目など必要な箇所に
石膏ボードを留める下地角材を追加
する

04 天井と壁の形状に合わせて石膏ボー
ドを切り、ビスで固定する

05 天井に漆喰を塗る前に床などを養生
する

06 石膏ボードの継ぎ目に専用テープを
張る

07 天井と壁で漆喰の色を変える場合は壁を養生する。マスキングテープ、マスカーの順で張る

08 まず継ぎ目のテープ部分に漆喰を塗り、厚さ1mmを目安に全面に塗り広げる

09 壁に漆喰を塗る前に建具周りなどを養生する

10 漆喰の色を変える場合は天井の漆喰が乾いたらマスキングして壁に塗り広げる

11 石膏ボードの側面までまんべんなく漆喰を塗る

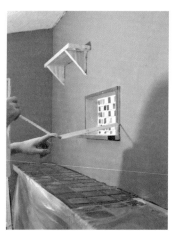

12 養生を取り外して作業終了。作例の漆喰は「うま〜くヌレール」の白色とスモーキーグリーン

格子棚を作る

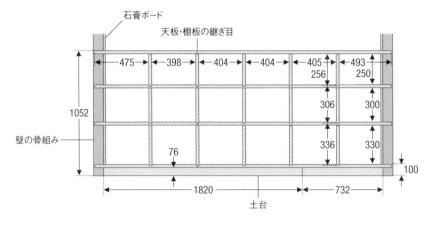

石膏ボード

天板・棚板の継ぎ目

475　398　404　404　405　493

256　250

306　300

1052

336　330

壁の骨組み

76

100

1820　732

土台

格子棚の正面図。土台は前後につけるため図に記す数の2倍必要。材料はすべて24×910×1820mmのムクボードから切り出す

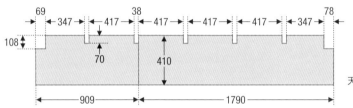

69　347　417　38　417　417　417　347　78

108

70　410

909　1790

天板と棚板の平面図

01 天板と棚板を図のように38mm幅で切り欠く。両側に入れた切り込みの先端の間にノミを入れて欠き取る

02 仕切り板の間隔で24mm幅の溝を彫る。12mm径ビットをつけたトリマーをガイドに沿わせて2回削る

03 溝の長さは正面から305mm、深さ6mm。端の丸く削れた部分をノミで直角に整える

04 前につける土台材に深さ30mmの座彫り穴をあける

05 棚板裏面の前端に土台材を合わせ、座彫り穴に65mmスリムビスを打って固定する

06 後ろにつける土台は壁の骨組みに75mmビスで固定する

07 前の土台をつけた棚板を後ろの土台に載せ、切り欠きのわきから壁の骨組みにビスを斜めに打つ

08 棚間の寸法に合わせて支え用の端材を壁の骨組みに仮留めする

09 前方には棚間の寸法に合わせた角材を立て、棚板を載せて壁の骨組みに固定する

10 棚の背面、側面に合板や石膏ボードを張るための下地角材を固定する

11 背面にラワン合板（5.5mm厚）を張る。真ちゅうクギ（19mm）で留める

12 小屋の背面側は漆喰を塗るため石膏ボードを張る

13 天板の縁にタイル面の枠を固定する。15×20mm材を接着剤で張る

14 裏側から35mmスリムビスで留める。あとで仕切り板により隠れる位置に打つ

15 最下段から順に棚板の溝に仕切り板をはめ、上段の溝から65mmスリムビスを打つ

16 最後は天板からスリムビスを打つ（仕切り板の木口が正面を向いているのは木取りのミス）

17 天板をきれいに掃除してからタイル接着剤を塗り、クシゴテで均一な厚さにならす

18 接着剤は一気に全面に塗らず小分けに進める。目地幅を記したダンボールをあてタイルを並べる

19 全面にタイルを固定したら、周囲をマスキングして目地材をゴムベラで詰める

20 目地材も一気に塗り広げず、ウエスなどでタイル表面を掃除しながら全面を仕上げる

デスクを作る

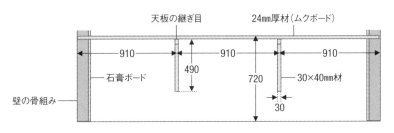

天板の継ぎ目　　　24mm厚材（ムクボード）

910　　　910　　　910

490

720

石膏ボード

30×40mm材

壁の骨組み

30

デスクの正面図

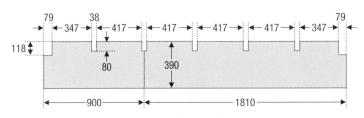

79　347　38　417　417　417　417　347　79

118

80

390

900　　　1810

天板の平面図

01 図のように天板を加工し、高さを合わせて仮留めした支え用の端材に載せる

02 天板の高さに合わせた角材で板の継ぎ目を支え、壁の骨組みに天板を固定する

03 直角三角形の脚を作る。2本を直角に接合し、もう1本の材は現物合わせで切断位置を記す

04 記した切断線に合わせて切る

05 スリムビスを打って組み立て、斜め材の外面をトリマーで面取りする。天板の手前側も面取りする

06 壁に石膏ボードを張ってから脚を留める。縦材に座彫り穴をあける

07 壁の骨組みと位置を合わせ座彫り穴に75mmビスを打つ

08 ビスを1本打った状態で垂直を確認し、さらに2カ所に座彫り穴をあけてビスを打つ

09 天板と脚を密着させ、脚側から57mmビスを2本打つ

10 ビスを打った座彫り穴に丸棒を打ち込み、余分を切り落とす

11 天板を塗装するための下処理として240番のサンドペーパーで木目に沿って磨く

12 カウンター用の塗料を塗る。2度塗りで仕上げる

ニッチを作る

01 壁の骨組みの間に上下の枠を固定する

02 枠のサイズに合わせてボックスを組み立て、背面にタイル接着剤を塗る

03 タイルシートを張る

04 ゴムベラで目地材を詰める

05 タイル表面の汚れを拭き取る

06 ボックスを枠にはめて固定する（石膏ボードを張る前のほうが固定しやすい）

さらにいくつかの壁面棚
を壁の骨組みに固定し
たら、愛読書や愛用品を
持ち込んでのんびりと

外壁にカウンターを取り
つければ、使える空間
は小屋の外にも広がる

軸組工法と木組みの基本

壁、床、建具のない東屋風
の小屋。軸組工法でこの形
を作るまでを紹介する

組み立てる

01 基礎石に柱を立てるのではなく、土台を載せる方法を採っている

直角での接合には、大入れ蟻掛けという仕口を使う。木組み各種の加工方法はP190〜

材の延長には、腰掛け鎌継ぎという継ぎ手を使う

02 柱を立てる。土台と柱はホゾ組み

03 柱に貫を通す

04 柱と桁をホゾで組む

187

05 桁と梁を大入れ蟻掛けで組む

06 梁を腰掛け鎌継ぎで継ぎ足す

07 梁同士を大入れ蟻掛けで組む

08 梁同士や梁と桁を大入れ蟻掛けで組む

09 大入れ蟻掛けで組んだところを羽子板ボルトで補強する

10 柱の垂直を確認して筋交いを仮留めする

11 柱に密着していない桁や梁があればクランプで密着させて柱のホゾにビスで留める

12 火打ち梁を切り欠きにはめてボルトで固定する

13 梁と束柱をホゾで組む

14 束柱に棟木と母屋をホゾで組む

15 束柱と梁、棟木、母屋はカスガイを打って固定する

16 貫はクサビで固定するのが一般的だが、作例ではビスで柱に留める

17 建前または棟上げと呼ばれる作業を終えた状態

18 束柱の垂直を確認して筋交いを仮留めする

19 棟木、母屋、桁を切り欠いたところに垂木を載せてビスで固定する

20 鼻隠しと破風板を固定する。野地板と屋根材の下地の厚さ分、垂木より高くする

21 垂木に野地板を固定する

22 ルーフィング、下地角材、屋根材の順に張り、壁には土壁の下地として木舞を張る

［ 大入れ蟻掛けの加工方法 ］

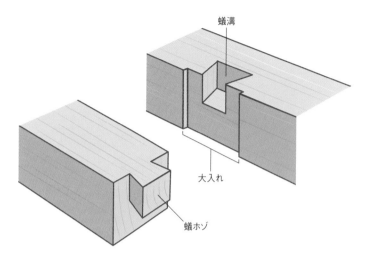

蟻溝

大入れ

蟻ホゾ

まず墨つぼで材の芯（中心線）を墨つけする

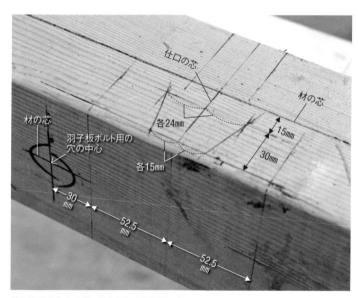

仕口の芯

材の芯

材の芯

羽子板ボルト用の
穴の中心

各24mm

15mm

30mm

各15mm

30
mm

52.5
mm

52.5
mm

芯を基準に女木の墨つけをする。材は105mm角

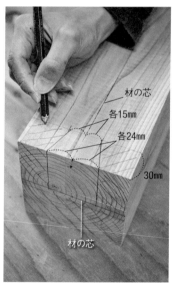

材の芯

各15mm

各24mm

30mm

材の芯

男木の墨つけ

＊軸組工法の寸法は尺貫法に基づい
て表すのが基本だが、混乱を避けるた
め、他のページと同様にmm表記とする

01 女木に大入れ用の溝を削る。大入れルーターを使っているが丸ノコやトリマーでもできる

02 削り終えた面に蟻溝の根元の幅と深さを墨つけする。深さは材厚の半分

03 ノコギリで斜めに切り込みを入れる

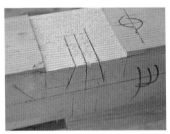

04 両端と中央に3本の切り込みを入れる

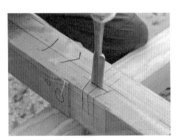

05 ノミで蟻溝の先端に切れ目を入れる

06 材の側面を上にしてノミをカナヅチで叩き、少しずつ欠き取る

07 蟻溝の下端にも真っすぐ切れ目を入れて削りすぎないようにする

08 再び材の向きを変え、蟻溝の左右からノミを入れるなどして削り進める

09 材とノミの向きを適切に変えながら削り進める

10 最後に縁をきれいに整える

11 女木の加工が終了

12 男木の下側半分を欠き取る

13 木口から墨線に沿って斜めに切り込みを入れる

14 側面から切り込みを入れて余分を欠き取る

15 先端をノミで面取りして男木の加工が終了

P187の土台の様子。材の端部なので強度を保つため仕口の芯を15mm内側にずらしている

ホゾ穴と組み合わさると形状は複雑だが、先にホゾ穴を削ることにより楽に欠き取れる

[腰掛け鎌継ぎの加工方法]

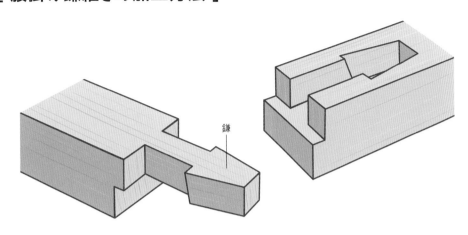

鎌

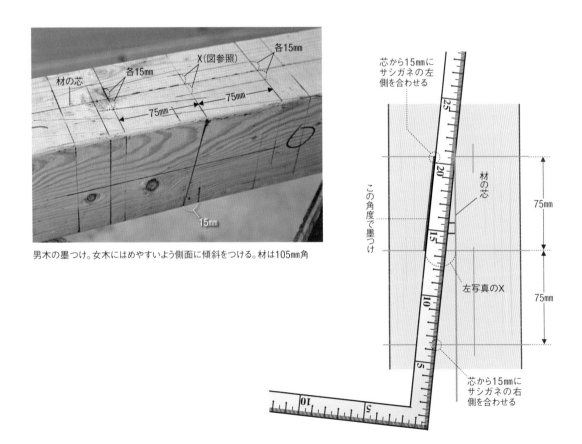

男木の墨つけ。女木にはめやすいよう側面に傾斜をつける。材は105mm角

各15mm

X（図参照）

各15mm

材の芯

75mm

75mm

15mm

芯から15mmに
サシガネの左
側を合わせる

この角度で墨つけ

材の芯

左写真のX

75mm

75mm

芯から15mmに
サシガネの右
側を合わせる

01 女木の加工。鎌の前半部に30mm径ドリルや角ノミで穴をあける

02 前半部いっぱいに穴を連ねる。深さは材厚の半分

03 鎌の先端から150mmの位置に切り込みを入れる。深さは材厚の半分

04 鎌の後半部の墨線に沿って切り込みを入れる。深さは材厚の半分

05 手順03から15mmずらして裏面に切り込みを入れ、木口から材厚の中心に切り込んで段差をつける

06 ドリルであけた穴の周囲をノミで削って四角く整える

07 鎌の後半部に入れた切り込みの間をノミで欠き取る

08 鎌の最も広い位置の側面に傾斜線を墨つけ。P193男木の墨つけと同じ角度に切った合板をガイドに

09 上面と側面の墨線に沿ってノミで削り、女木の加工が終了

10 男木の後半部の両側面に墨線までの深さの切り込みを何本も入れる

11 裏面の鎌の先端から165mmの位置に切り込みを入れる。深さは材厚の半分

12 材の両側面を順に上にして、木口から材厚の中心に切り込みを入れる

13 上面の墨線に沿って鎌の前半部の両側に切り込みを入れ、両わきを欠き取る

14 鎌の後半部の不要な部分をノミで欠き取る

15 木口から材厚の中心に切り込み、手順11の切り込みまで切って下半分を欠き取る

16 鎌の下面をノミで面取りして男木の加工が終了

梁を延長する腰掛け鎌継ぎ。写真部分は火打ち梁の接合位置と重なっている

［ ホゾ組みの加工方法 ］

01 ホゾ穴の墨つけ。材の芯を基準に30×84mm（地域によっては30×90mm）。材は105mm角

02 角ノミがあれば手早くホゾ穴をあけられる。なければドリルで穴をあけてノミで四角に削る

03 ノミできれいに仕上げる

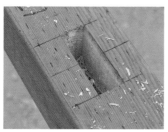

04 ホゾ穴の深さは柱の下側が45mm＋α、上側が60mm＋α

05 ホゾの墨つけ。ホゾ穴と同じサイズで、長さは下側が45mm、上側が60mm

06 墨線に沿って木口から切り込む

07 墨線に沿って側面から切り込む

08 先端をノミで面取りしてホゾのできあがり

[火打ち梁の加工方法]

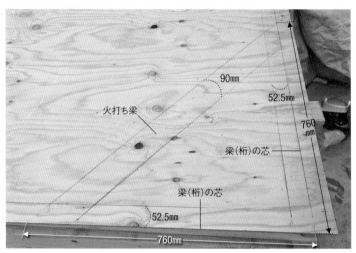

01 火打ち梁（90mm角材）の位置を原寸で合板に墨つけ。梁や桁に対して45度の向きで取りつける

02 梁や桁に火打ち梁を差し込む切り欠きの墨つけをする

03 斜めの墨線に沿って切り込みを入れる

04 切り欠きの最も深い位置に切り込みを入れる

05 火打ち梁は90mm角材なので、上端から90mmの位置に切り込みを入れる

06 切り込みの内側をノミで削る

07 墨線どおりに整えて切り欠きが終了

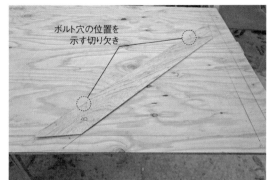

ボルト穴の位置を
示す切り欠き

08

最初に墨つけした合
板に合わせ、別の合
板で火打ち梁の墨つ
けガイドを作る

09 材にガイドをあて墨つけする

10 墨線に沿って材を切る

11 女木の切り欠きの形に合わせて端
部を切り落とす

12 墨つけした位置にボルト穴をあける

13 両側からドリルを入れることにより墨
線どおりに穴を貫通させる

14 火打ち梁の外面には座金とナットを
収めるために座彫りする

[貫用のホゾ穴の加工方法]

01 柱に貫用のホゾ穴（15×100mm）を墨つけ。カーペンターゲージを使用

02 ホゾ穴をあける。電気チェーンノミがあると便利。なければドリルとノミで

03 貫用のホゾ穴のできあがり

[垂木用の切り欠きの加工方法]

01 棟木、母屋、桁を垂木用に切り欠く。幅36mm（垂木の幅33mm）、最大深さ6mm（屋根勾配による）

02 材を90度回転し、最も深いところから斜めに切り欠く

03 垂木用の切り欠きのできあがり。棟木は両方向に切り欠く

自然材と廃材を使う小屋作り

製作者はクラフト作家の長野
修平さん。ストックしておいた廃
材と裏山の自然木を活用した

斜面に平らな床を作り、
小屋を載せている。小屋
の周りには回廊を製作

専用金具により成形したドーム
をかさ上げした構造。室内寸法
はおよそ直径4m、高さ3m

小屋の形を作る

01 束柱や根太に使う自然木（クリ、ケヤキ）の皮をむく

02 掘っ立て式の束柱の地中に埋まる部分を焚火で燃やして炭化させる

03 深さ1mほどの穴を掘り、小石を詰めてから束柱を立て、周囲を突き固める

04 回廊の束柱を、根太をはめるために切り欠く

05 束柱の切り欠きに根太（細めの丸太）をはめカスガイまたはビスで固定。根太同士も固定する

06 回廊の根太の一部は切り株に穴をあけて固定。束柱と根太にクリアの防腐塗料を塗る

07 回廊に塗装済みの床板（土留め板の廃材）を並べる。円形に並ぶように板の形を調整する

08 床板を根太にビスで留める。ビス頭が目立たないよう塗装している

09 必要に応じて根太をノミで削り、平面を作る

10 回廊の床を円形に張る。外側への張り出しは不ぞろいに

11 小屋の根太（荷物梱包用の南洋材の廃材）を束柱にビスで留める。必要に応じて切り欠き水平に

12 ドームの形と寸法に合わせて根太を組み、根太の形に合わせた床板（土留め板の廃材）を張る

13 小屋の裾に雨水がたまらないよう、回廊と間を空けて床を張る

張り終えた床を下から見たところ

14 ドームの輪郭に合わせて2×4材で十角形を作る。1辺（長辺）の長さ1220mm、内角144度

15 高さ1200mmの壁枠を作り、床に固定する。抜けている部分はあとで追加する

16 専用金具「hitode bracket」と30×40mm材をビスで留める

17 1000mm30本、1140mm35本の30×40mm材を組んでドームの骨組みを作る

18 接合部の内側に専用の補強金具を取りつける

19 垂直に立てた壁枠にドームの骨組みを載せ、固定する

20 ベースとなる形状のできあがり

小屋を仕上げる

01 ドームの骨組みに屋根下地（野地板の廃材）を固定する。板の両側は骨組みの角度に合わせる

02 屋根下地に防水紙を張る

03 屋根材を作る。自作の竹ベラを左右に挿して木槌で叩き、ヒノキの玉切り（約30cm）の皮をむく

04 灰色に変色した部分などをスクレーパーで削ぎ、適度な厚さに整える

05 屋根の形状に合わせて曲げやすいよう、木槌で叩いてやわらかくする

06 檜皮を留める竹クギを作る。竹を細く割いて30mmほどの長さに切り、ナイフで先端を尖らせる

07　竹クギとビスを併用して檜皮を屋根
　　下地に留める

08　檜皮を重ねて上へと張り進める

09　壁枠に下地（敷地に立っていたモミ
　　を製材した板）を固定する

10　壁下地に透湿防水シートを張る

11　檜皮をはがした丸太を10mm厚を目安
　　にへぎ鉈で割ってへぎ板を作る

12　壁面の下端からへぎ板を張る。20〜
　　30mmのクギとビスを使用

13 へぎ板を重ねて上へと張り進める。1列ごとに継ぎ目をずらす

14 薪ストーブ用の防火対策として裏側の屋根にはトタン板を張る

15 天頂部に固定式の天窓をつける。アクリル板を張る前に骨組みにコーキングを打つ

16 三角に切った廃材のアクリル板（7mm厚）5枚を骨組みにビスで留め、中央に特注の金物を固定する

17 民家の解体現場で入手した中古窓を7カ所につける。建具に合わせて骨組みの形を修正する

18 自作のドアをつける。長年、愛車のルーフに張っていたレッドシダーを使用

19 裏側にはにじり口風の低い引き戸をつける。その両側の外壁は薄いへぎ板の廃材

20 ドームの内側を塗装する。補強金具は黒く塗り、アイナットで締めて物を吊るせるように

21 ストックしておいたサネつき板を組み合わせ、室内の約半分に板間を作る

自作の家具やクラフト品を置き、趣たっぷりの
空間に。薪ストーブ（ペトロマックス「LOKI2」）
の煙突は専用パーツにより屋根を貫通

Wonderful Cabins
愉快な小屋の作り方

2024年7月29日　第1刷発行

発行人　関根真司
編集人　豊田大作
発行所　株式会社キャンプ
　　　　〒135-0007 東京都江東区新大橋1-1-1-203
発売元　株式会社ワン・パブリッシング
　　　　〒105-0003 東京都港区西新橋2-23-1
印刷所　中央精版印刷株式会社

●この本に関する各種お問い合わせ先
・本の内容については　☎03-6458-5596（編集部直通）
・不良品（落丁、乱丁）については　☎0570-092555（業務センター）
　〒354-0045 埼玉県入間郡三芳町上富279-1
・在庫、注文については　☎0570-000346（書店専用受注センター）

Staff

撮影　　　　　江藤海彦（P118-121）
　　　　　　　佐藤弘樹（P40-43、74、78、122-125）
　　　　　　　清水良太郎（P48-51、62-64、92-95、126-127、130-131、135-136）
　　　　　　　竹内美治（P114-117）
　　　　　　　田里弐裸衣（P96-99、110-113、132-133、138）
　　　　　　　谷瀬 弘（P100-105）
　　　　　　　福島章公（P12-19、44-47、75、77、79-91）
　　　　　　　藤田慎一郎（P128-129）
　　　　　　　諸石 信（P106-109）
　　　　　　　門馬央典（P34-39、52-61、66-73、140-185、190、192、194-195、200-209）
　　　　　　　柳沢克吉（P20-33）
　　　　　　　＊いずれも小屋の製作中など一部カットを除く
装丁・デザイン　髙島直人（カラーズ）
イラスト　　　丸山孝広
取材・編集　　ｄｏｐａ編集部、和田義弥（P44-47）